安徽财经大学服务安徽经济社会发展系列研究报告 2018

安徽贸易发展研究报告 2018

邢孝兵　丁　宁　等著

合肥工業大學出版社

图书在版编目(CIP)数据

安徽贸易发展研究报告 2018/邢孝兵，丁宁等著．—合肥：合肥工业大学出版社，2018.6

(安徽财经大学服务安徽经济社会发展系列研究报告 2018)

ISBN 978-7-5650-4004-7

Ⅰ.①安… Ⅱ.①邢…②丁… Ⅲ.①贸易经济—经济发展—研究报告—安徽—2018 Ⅳ.①F727.54

中国版本图书馆 CIP 数据核字(2018)第 109090 号

安徽贸易发展研究报告 2018

邢孝兵 丁 宁 等著　　　责任编辑 陆向军 刘 露

出 版	合肥工业大学出版社	版 次	2018 年 6 月第 1 版
地 址	合肥市屯溪路 193 号	印 次	2018 年 6 月第 1 次印刷
邮 编	230009	开 本	710 毫米×1010 毫米 1/16
电 话	综合编辑部:0551-62903028	印 张	12
	市场营销部:0551-62903198	字 数	160 千字
网 址	www.hfutpress.com.cn	印 刷	合肥现代印务有限公司
E-mail	hfutpress@163.com	发 行	全国新华书店

ISBN 978-7-5650-4004-7　　　定价：34.00 元

编 委 会

安徽财经大学科研工作始终坚持立足安徽做学问、服务安徽出成果，特别重视立足地方和行业需求构建多层次智库平台。安徽经济发展研究院是安徽财经大学设立的研究安徽经济社会发展的专门机构，拥有安徽省人文社科重点研究基地、省级协同创新中心、省教育厅智库和安徽省重点智库四个省级科研平台。这些平台在优化资源配置、聚合科研力量，鼓励和引导教师围绕安徽省委省政府的重大发展战略选题，深入研究安徽经济社会发展中的重点、热点和难点问题，着力破解制约安徽地方经济社会发展的重大理论和现实问题，为建设特色鲜明的地方高水平财经大学提供了有益的智力支持，取得了较为丰硕的成果并积累了丰富的经验。安徽经济社会发展研究院努力实现在安徽经济发展方面的理论基础、政策研究与实践应用的紧密结合，把安徽经济社会发展研究院打造成为立足安徽、面向全国的财经智库。

安徽财经大学每年出版的服务安徽经济社会发展系列研究报告是由安徽经济社会发展研究院组织相关学院的专兼职研究人员编写的。我校2006年公开出版服务安徽经济社会发展的首部研究报告——《安徽经济发展报告》，2007年《安徽省县域经济竞争力报告》发布，2010年《安徽省贸易发展研究报告》出版，形成我校服务安徽经济社会发展的三大品牌报告。至2018年，年度研究报告增至10多部，主要包括：《安徽经济发展研究报告》《安徽县域经济竞争力研究报告》《安徽贸易发展研究报告》《安徽财政发展研究报告》《安徽投资发展研究报告》《安徽文化产业发展报告》《安徽城市发展研究报告》《安徽乡村振兴战略研究报告》《安徽农村普惠金融发展研究报告》《安徽劳动就业和社会保障发展研究报告》《安徽生态文明建设发展报告》《安徽养老服务发展报告》等。

服务安徽经济社会发展系列研究报告坚持稳定、控制数量，不断提升质量的指导思想，通过进入退出机制、激励机制、分级分类机制、合作机制、运行机制、评价机制和发布机制的改革，政策影响力和媒体影响力日益扩大。2016 年，研究院成功入围中国智库索引首批来源智库，并获大学智库指数排名中普通高校第一名。根据《中国智库索引（CTTI）2017 年发展报告》，我校进入大学智库指数 Top50 高校，其中安徽经济社会发展研究院排名第 25 位，安徽经济预警运行与战略协同创新中心排名第 32 位。

纵观这十多部研究报告可以看出，报告的组织者与撰写者都付出了辛勤的劳动和不懈的努力。当然，我们也清醒地认识到，报告也还存在这样或那样的缺点，与政府部门领导和社会各界对我们的希望还有相当大的差距，学校应当在智库建设方面做得更多、更好。我们坚信，只要坚持走下去，只要继续得到社会各界的关心和帮助，系列研究报告一定会越做越好！学校的智库建设也将结出更多的硕果！

安徽财经大学校长　丁忠明

2018 年 4 月 20 日

近年来，作为一个中部内陆省份，安徽省的国内贸易、对外贸易和外商直接投资都保持了较高速度的增长。在内需和外需的共同推动下，安徽省的经济得到了较为快速的发展。2017 年安徽省社会消费品零售总额 11192.6 亿元，比上年增长 11.9%，扣除价格因素，实际增长 10%。全年进出口总额 536.4 亿美元，比上年增长 20.8%。其中，出口 304.8 亿美元，增长 7.2%；进口 231.6 亿美元，增长 45%。全年生产总值（GDP）27518.7 亿元，按可比价格计算，比上年增长 8.5%，高于全国平均水平。

在安徽财经大学各级领导的关心与支持下，《安徽贸易发展研究报告 2018》顺利出版。本辑报告分为六个专题，分别为“安徽省对外贸易发展研究”“安徽省各地市对外贸易发展比较研究”“安徽省对外直接投资研究”“安徽省与‘一带一路’沿线国家经贸关系研究”“安徽商贸流通业发展总体评价”“安徽商贸流通业发展专题研究”等。主要结论如下：

第一，安徽省对外贸易保持持续增长势头，但是外贸发展水平仍有很大的提升空间。虽然 2016 年有一个明显的下降，但是安徽省对外贸易总体保持持续增长势头，其中进口贸易稳中有升，出口贸易增长较快。安徽省出口商品中，工业制成品出口占绝大多数份额，出口产品的技术含量正在不断提高，而进口产品中初级产品进口规模远远超过工业制成品进口规模，贸易商品结构不断优化。在对外贸易的地区分布方面，欧美传统市场一直是安徽省出口的重要市场，进出口市场多元化程度较低。安徽省加工贸易发展相对滞后，一般贸易占据主导地位。安徽省的对外贸易虽然在中部六省中处于前列，但是在全国仍处于中等发展水平，外贸发展水平和质量滞后于东部沿海省份，还有很大的提升空间。

第二，安徽省对外贸易区域集中趋势较强，且各地级市间对外贸易发展水平差异显著。安徽各地市进口商品结构有所不同，技术密集型产品在合肥进、出口贸易中均占据主导地位；蚌埠市进口商品主要为劳动密集产品和技术密集型产品，出口商品主要为资本密集型产品和技术密集型产品；马鞍山进、出口贸易主要以矿产品等劳动密集型产品为主；宿州市进、出口均侧重于劳动密集型产品，进口以植物产品为主，出口以纺织原料及纺织制品为主。铜陵市、合肥市和马鞍山市对外贸易依存度较高，淮南市、宿州市和亳州市对外贸易依存度相对较低。各城市人均生产总值、各城市引进外资水平和各城市教育发展程度提升有利于该地区出口贸易的发展，且相对其他两个解释变量，各城市人均生产总值的提升对该地区出口贸易表现出更强的驱动性。

第三，安徽省企业对外投资合作步伐不断加快，对外投资合作迈上了新台阶。和对外贸易一样，除了 2016 年以外，近年来安徽省非金融对外直接投资存量总体呈现不断增长的趋势。截至 2016 年底，安徽省累计在境外设立企业（机构）721 家，协议对外投资额 143.6 亿美元，实际对外投资累计 54.1 亿美元，对加快安徽省开放型经济建设起到了积极的促进作用。同时，实证研究表明对外直接投资对包括安徽省在内的中部省份的出口、技术创新和产业结构升级有正向的促进效应，但是对中部地区的就业没有显著的影响。境外投资企业遍布全球超过 36％的国家地区，其中亚洲的境外企业覆盖率为 64.58％，欧洲为 40.82％，非洲为 31.67％，北美洲 50.00％，拉丁美洲 20.41％，大洋洲为 16.67％。安徽省对外投资也覆盖了国民经济所有行业类别，其中制造业以 20.4 亿美元居首位，其次是采矿业 15.6 亿美元，租赁和商务服务业 15.2 亿美元位列第三。

第四，安徽省与“一带一路”沿线国家的贸易规模不断扩大，投资整体波动幅度较大，经贸关系有待进一步发展。近年来，安徽省与“一带一路”沿线国家和地区的贸易发展呈现良好态势，进出口总额持续增加，贸易结构不断优化。安徽省出口到“一带一路”沿线国家的主要是纺织服装、机电产品、工业制成品和高新技术产品，传统劳动密集型产品出口下降。近年来，安徽省对“一带一路”沿线国家的投资整体波动较为明显，实际吸收沿线国家直接投资规模较小，“引进来”的产业与安徽省重点发展产业的契合度不高，很难满足安徽省产业结构优化升级的需求。安徽省与“一带一路”沿线国家的经贸合作还存在市场风险、沟通障碍、人才短缺等方面的问题。

第五，安徽省商贸流通业总体发展稳定，但也存在着许多较为突出的问题。近年来安徽省消费市场增长较快，乡村市场持续活跃，网上零售发展迅猛，农村电商成绩显著，物流设施逐渐完善，农产品采销结合大幅降低流通成本。但是安徽省商贸流通业仍存在流通规模小，区域发展不平衡，传统商贸转型升级缓慢，物流信息化水平低，商贸流通平台建设落后，商贸流通业人才缺乏等多方面的问题。通过对各省商贸流通业竞争力的比较，我们发现安徽省商贸流通业总体上发展稳定，但综合竞争力较弱，在中部地区比河南、湖南、湖北三省排名低，在全国排 23 名。安徽省各个地市商贸流通业的竞争力差异较大，合肥市商贸流通发展水平处于绝对领先地位，综合实力遥遥领先，区域发展不平衡问题突出。

第六，安徽省电子商务发展状况良好，零售业转型发展成效显著，农产品流通总体状况较好。随着“互联网＋流通”发展模式的深入探索，电子商务逐渐成为流通业转型升级的重要抓手，流通业基础设施结构不断优化，电子商务信用建设水平不断提高，跨境电商迅速发展。零售产业在自身营运中寻求创新和突破，在政府支持和电商合作中转型发展，线上与线下高度融合，借电商助力打造新零售，不断创新经营模式，开拓新领域，弥补市场空缺。农产品流通主体日益多元化，大型流通商市场势力凸显，农产品流通渠道日益多样化，“互联网＋流通”效应日益凸显，农产品流通效率逐步提升。

本报告是集体合作的成果，分工如下：框架设计（邢孝兵），第一章（万红先、冯婷婷、钱蒙蒙），第二章（杨杰），第三章（沙文兵、左红霞、钱圆圆），第四章（田秀华），第五章（武云亮、张琳琳、张鑫），第六章（袁平红、马宝君、丁宁），统稿（丁宁）。

在本报告写作过程中，我们参考了大量学术文献和新闻报道。我们在书后列出了参考文献，引用之处也在文中做了标注，但是仍有可能挂一漏万，敬请谅解。同时受作者知识水平的限制，加之数据收集的困难，本报告仍存在很多不足之处，需要我们在后续的研究中加以改进。

作　者

2018年5月

MU LU

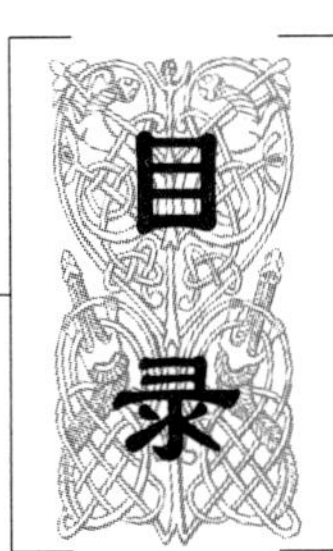

第一章　安徽对外贸易发展研究

随着我国改革开放进程的不断加快，我国的对外贸易取得了长足的发展，对外开放程度越来越高。2008年爆发的一场金融危机，让世界各国的经济都受到不同程度的冲击。随后，世界经济增长速度放缓，贸易形势恶化，世界经济持续低迷。近年来，随着全球经济的复苏，之前恶化的贸易形势得到改善。长期以来，外需的变化直接影响着我国对外贸易的发展。但随着我国外贸步入发展新常态，外贸领域的“重质”思想也在不断推行，外贸供给侧改革迫在眉睫。因此，为了推动安徽对外贸易的发展，实现安徽崛起于中部的战略目标，政府应该积极响应国家政策的号召，推进外贸体制改革，转变外贸经济发展方式，使全省外贸经济更好更快地发展。

第一节　安徽对外贸易发展现状

一、安徽对外贸易发展总体情况分析

（一）安徽对外贸易情况概述

据海关数据统计，2016年我国进出口总额为35885亿美元，同比下降0.9%。其中，出口20414亿美元，下降2.0%；进口15477亿美元，增长0.6%。贸易顺差达到4937亿美元，收窄9.1%。2016年安徽省进出口总额为443.8亿美元，比上年下降7.2%。其中，出口284.8亿美元，下降11.7%；进口159亿美元，增长2.1%。2016年我国及安徽省的进出口相关数据见表1－1所列。

表 1-1　2016 年我国及安徽省的进出口相关数据

	进出口		出口		进口	
	金额（亿美元）	增速（%）	金额（%）	增速（%）	金额（%）	增速（%）
中国	35885	－0.9	20414	－2.0	15477	0.6
安徽省	433.8	－7.2	284.8	－11.7	159	2.1

数据来源：世界银行、安徽省统计局。

一国（地区）对外贸易的发展状况与其国民经济运行情况密切相关。由表 1-2 可见，安徽省国民经济的整体运行情况较为可观，其国民经济总量呈现出不断增长的态势。2000—2016 年，安徽省 GDP 占全国的比重不断上升，大多数年份以名义价格计算的 GDP 均以两位数的高增长率持续增长，且与全国的 GDP 增速基本持平（有时略高于全国增速），但自 2013 年以后又有所下降（表 1-2）。从安徽省国民经济运行基本情况（表 1-3）中可以看出，2016 年安徽省 GDP 与人均 GDP 均接近于 2000 年的 8.2 倍，GDP 总值及人均 GDP 值均在不断攀升。2000—2016 年随着经济的发展以及经济发展战略的转变，安徽省的产业结构也在不断优化。其中，第一产业增加值基本保持持平，第二、第三产业增加值呈上升趋势，且第三产业增加值上升趋势较为明显。第三产业的稳定发展是经济持续快速发展的基础。因此，在未来的发展战略制定中，要更加注重产业结构的调整，继续加大投资力度与产业结构转型升级，使第三产业成为促进经济增长的主要推动力，增强第三产业的竞争力，提升综合实力。此外，安徽省的城市化水平也在不断上升，居民物价指数虽先上升后又有所下降，但整体呈增加趋势，这表明居民生活水平在一定程度上得到了提高，生活条件有所改善。

表 1-2　2000—2016 年全国与安徽省 GDP 增速比较　（单位：%）

年份	全国 GDP 增速	安徽省 GDP 增速	安徽省 GDP 占全国的比重
2000	10.76	7.00	2.94
2001	10.27	11.87	2.99
2002	10.20	8.41	2.94

（续表）

年份	全国 GDP 增速	安徽省 GDP 增速	安徽省 GDP 占全国的比重
2003	13.32	11.46	2.89
2004	18.10	21.31	2.97
2005	15.15	12.42	2.90
2006	17.70	14.25	2.81
2007	23.65	20.42	2.74
2008	18.65	20.25	2.78
2009	8.25	13.68	2.92
2010	18.00	22.82	3.04
2011	17.79	23.80	3.19
2012	11.11	12.49	3.23
2013	9.44	11.72	3.30
2014	8.72	8.42	3.29
2015	6.45	5.55	3.21
2016	8.55	9.60	3.24

数据来源：国家统计局。

表 1-3 2000—2016 年安徽省国民经济运行基本情况

年份	GDP（亿元）	人均地区生产总值（元/人）	第一产业增加值（亿元）	第二产业增加值（亿元）	第三产业增加值（亿元）	城市化水平	居民消费价格指数（上年＝100）
2000	2902.1	4779	741.77	1056.78	1103.54	0.28	100.7
2001	3246.7	5313	760.77	1254.88	1231.06	0.29	100.5
2002	3519.7	5736	783.66	1337.04	1399.02	0.31	99
2003	3923.1	6375	749.4	1535.29	1638.42	0.32	101.7
2004	4759.3	7681	950.5	1844.9	1963.9	0.34	104.5
2005	5350.2	8670	966.5	2245.9	2137.77	0.36	101.4
2006	6112.5	10044	1011.03	2711.18	2390.29	0.37	101.2
2007	7360.9	12039	1200.18	3370.96	2789.78	0.39	105.3
2008	8851.7	14448	1418.09	4198.93	3234.64	0.41	106.2

（续表）

年份	GDP（亿元）	人均地区生产总值（元/人）	第一产业增加值（亿元）	第二产业增加值（亿元）	第三产业增加值（亿元）	城市化水平	居民消费价格指数（上年=100）
2009	10062.8	16408	1495.45	4905.22	3662.15	0.42	99.1
2010	12359.33	20888	1729.02	6436.62	4193.69	0.43	103.1
2011	15300.65	25659	2015.31	8309.38	4975.96	0.45	105.6
2012	17212.05	28792	2178.73	9404.84	5628.48	0.47	102.3
2013	19229.34	32001	2267.15	10390.04	6572.14	0.48	102.4
2014	20848.75	34427	2392.39	11204.02	7252.34	0.49	101.6
2015	22005.63	35997	2456.69	10946.83	8602.11	0.51	101.3
2016	24117.89	39092	2567.72	11590.25	9959.92	0.52	101.8

数据来源：《安徽省统计年鉴》。

（二）安徽省对外贸易总量分析

1. 对外贸易总量纵向分析

2000—2016 年安徽省对外贸易持续增长，其中进口贸易稳中有升，出口贸易增长较快（图 1-1）。2000—2016 年安徽省进出口贸易总额由 2000 年的 33.47 亿美元增加到 2016 年的 443.80 亿美元，增长了约 13 倍，见表 1-4 所列。其中出口额由 2000 年的 21.72 亿美元增加到 2016 年的 284.84 亿美元，也增长了近 13 倍；进口额由 2000 年的 11.75 亿美元增加到 2016 年的 158.96 亿美元，增长了近 14 倍。受 2008 年全球金融危机的冲击，2009 年安徽省的外贸增长势头有所减弱，进出口贸易总额下降为 156.50 亿美元。经过政府相关政策的鼓励和支持及企业自身不断的努力，安徽省进出口总额终于在 2014 年重回峰值。之后的两年进出口贸易总额虽有所下滑，但总体来说，安徽省对外贸易发展大体仍呈上升趋势。

表 1-4 2000—2016 年安徽省对外经济情况 （单位：亿美元）

年份	出口额	进口额	进出口总额	净出口总额
2000	21.72	11.75	33.47	9.97
2001	22.82	13.38	36.20	9.44

（续表）

年份	出口额	进口额	进出口总额	净出口总额
2002	24.53	17.28	41.81	7.25
2003	20.64	28.84	59.48	1.80
2004	39.37	32.75	72.12	6.62
2005	51.90	39.29	91.20	12.61
2006	68.36	54.12	122.49	14.24
2007	88.21	71.09	159.30	17.12
2008	113.53	90.83	204.35	22.70
2009	88.90	67.50	156.50	21.40
2010	124.13	118.60	242.73	5.53
2011	170.83	142.26	313.09	28.57
2012	267.49	125.36	392.85	142.13
2013	282.60	173.80	456.30	108.80
2014	314.90	177.80	492.70	137.10
2015	331.14	156.94	488.08	174.20
2016	284.84	158.96	443.80	125.88

数据来源：《安徽省统计年鉴》。

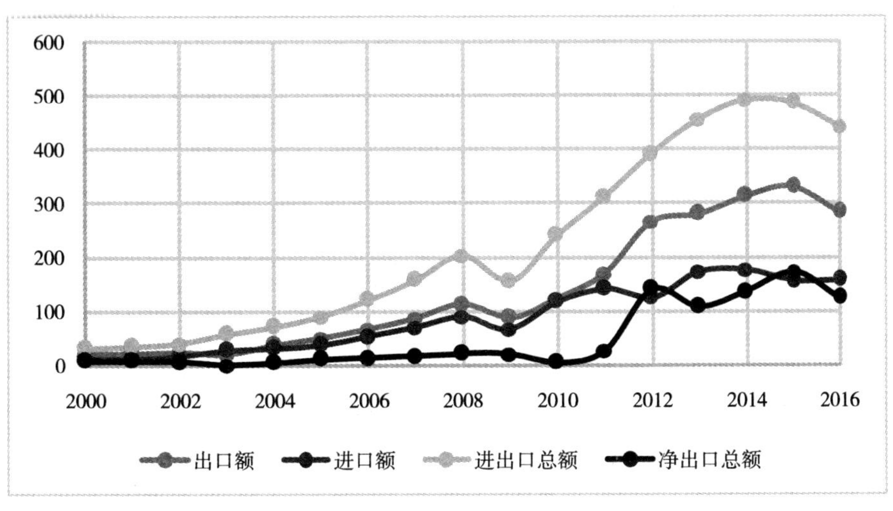

图 1－1　2000—2016 年安徽省对外经济情况

从表 1 - 5 可以看出，2016 年安徽省的出口贸易额、进口贸易额、进出口贸易额在全国的排名分别为第 14 名、第 15 名和第 15 名。且从 2000—2016 年安徽省对外贸易情况在全国的排名可见，安徽省的进出口贸易额在全国的排名基本维持在 10～20 之间，说明其对外贸易发展水平在全国仍处于中等发展水平，还有很大的提升空间。安徽省应充分利用自身发展优势，进一步提高其对外贸易发展水平。

表 1 - 5　2000—2016 年安徽省出口、进口、进出口在全国的排名情况

年份	出口排名	进口排名	进出口排名
2000	11	14	11
2001	11	15	11
2002	12	15	13
2003	12	11	12
2004	14	13	11
2005	12	13	12
2006	12	12	12
2007	12	11	12
2008	14	13	14
2009	14	14	14
2010	15	13	14
2011	17	14	16
2012	14	18	14
2013	14	16	14
2014	15	16	14
2015	13	17	15
2016	14	15	15

数据来源：国家统计局。

2. 对外贸易总量横向分析

从对外贸易额来看，2016 年安徽省进出口总额为 2946.8 亿元。其中，出口额为 1891.1 亿元，进口额为 1055.8 亿元，进口额约为出口额的 1/2，贸易顺差 835.3 为亿元。从对外贸易增速来看，2016 年安徽省进口增速同比上升 2.1%，出口增速和进出口贸易增速分别同比下降 11.7%和 7.2%。与全国的贸易增速相比，安徽省的进口增速快于全国进口增速，但出口增速与进出口增速都为负值，且下降较快。从中部六省来看，2016 年安徽省进出口总额仅次于河南省，排在第二位。值得注意的是，其出口增速却是中部六省中下降幅度最多的，这说明安徽的外贸增长速度开始放缓，出口贸易受阻。但安徽省在外贸发展水平上相对于中部其他省份仍具有一定优势（表 1－6）。

表 1－6　2016 年安徽省与全国、中部省份对外贸易额及增速比较

省份	进口额（亿元）	进口增速（%）	出口额（亿元）	出口增速（%）	进出口总额（亿元）	进出口增速（%）
安徽	1055.8	2.1	1891.1	－11.7	2946.8	－7.2
山西	443.6	14.2	655.3	25.2	1099.0	20.5
湖北	880.0	－13.6	1720.1	－5.3	2600.1	－8.3
湖南	577.0	－8.9	1205.3	－1.5	1782.2	－2.1
江西	677.0	17.3	1966.9	－4.1	2643.9	0.6
河南	1879.4	－1.8	2835.3	5.7	4714.7	2.6
全国	104932.0	0.6	138455.0	－1.9	243386.0	－0.9

数据来源：各省份历年国民经济和社会发展统计公报。

在对外贸易规模和对外开放程度方面，安徽省与东部省份相比差距明显（表 1－7），且长期处于相对落后的位置。2016 年安徽的进口总额、出口总额、进出口总额分别只占全国的 1.00%、1.36%和 1.20%，与东部省份占比排名最后的福建省相比仍有一定的差距。究其原因，一方面是受安徽省自然地理条件的限制。进出口货物运输多以海路运输方式为主，安徽省由于地处内陆没有东部省份得天独厚的地理位置条件，可能会影响其海上贸易发展。近年来，安徽省也在加强其内陆自贸区的建设，进一步改善地理位置方面的约束。另一方面，与国家和地方政策导向也密切相关。由于相关政策原因，东部省份对外开放时间较早，也更长一些。而安徽省作为中部内陆地区，对外开放起步较晚。最后，受多方面因素影响，安徽省本地的企业与东部地区的企业相比较，也缺乏一定的开放意识。

表 1－7　2016 年安徽省与东部沿海省市对外贸易占比情况比较　（单位:%）

省份	进口总额占全国的份额	出口总额占全国的份额	进出口总额占全国的份额
安徽	1.00	1.36	1.20
山东	6.11	6.54	6.35
江苏	11.98	15.22	13.83
浙江	4.21	12.42	8.89
福建	3.35	4.94	4.25
广东	22.46	28.54	25.92

数据来源：各省份历年统计年鉴。

二、安徽对外贸易商品结构分析

从 2000—2016 年安徽省初级产品和工业制成品对外贸易情况（表 1－8）可以看出，安徽省出口商品中，工业制成品出口数额占绝大多数，从 2008 年开始远远超过了初级产品出口数额，二者之间出口数额的差距也越来越大，2015 年工业制成品出口 3128960 万美元，比初级产品出口多了 2946497 万美元，2000—2003 年工业制成品进口数额高于初级产品，2003 年以后初级产品进口数额远远超过工业制成品进口数额，二者之间进口数额差距也比较显著。总之，从整体上看安徽省近两年出口和进口方面主导的产品与 2000—2014 年一样分别是工业制成品和初级产品，继续发挥比较优势，和前十五年所不同的是更加注重进出口商品结构优化，从而推动安徽省出口贸易商品结构实现“质”的飞跃。

表 1－8　2000—2016 年安徽省初级产品和工业制成品对外贸易情况　（单位：万美元）

年份	出口总额			进口总额			实际利用外商直接投资额
	总额	初级产品	工业制成品	总额	初级产品	工业制成品	
2000	217206	28988	188218	117483	45718	71765	31847
2001	228226	27715	200511	133771	50209	83562	33672

（续表）

年份	出口总额			进口总额			实际利用外商直接投资额
	总额	初级产品	工业制成品	总额	初级产品	工业制成品	
2002	245341	27808	217533	172784	50989	121795	37523
2003	306424	35224	271200	287867	89993	197874	39051
2004	393654	31236	362418	327467	136456	191011	54669
2005	519038	37045	481993	392933	208280	184653	68845
2006	683617	42513	641104	541243	296065	245178	139354
2007	882125	73867	808258	710853	465276	245577	299892
2008	1135271	97965	1037305	908258	599735	308523	348988
2009	888729	84468	804262	674791	380781	294010	388416
2010	1241288	78228	1163059	1186388	629398	556991	501446
2011	1708389	152661	1555728	1425393	815148	610245	662887
2012	2675228	171013	2504214	1257299	719769	537530	863811
2013	2825638	182310	2643327	1737737	997841	739896	1068772
2014	3149309	193289	2956020	1777970	907582	870387	1233978
2015	3311424	182463	3128960	1569384	797477	771907	1361945
2016	2848375	173196	2675179	1589615	858608	731007	1476712

数据来源：历年《安徽省统计年鉴》。

分别从进口和出口两方面来看，2000—2016年安徽省出口工业制成品商品主要以化学品及有关产品、轻纺产品、橡胶制品矿冶产品及其制品、机械及运输设备为主，近两年出口机械及运输设备商品数额突破110万美元，2015年更是达到1210358万美元，是近17年来该类商品最高的一次出口数额，2015年三项产品出口额占总的贸易出口额的70.4％，机械及运输设备占出口额36.6％，接近一半的比重。从总体上看，机械及运输设备出口大体上呈现出递增的趋势，且增加的幅度高于其他两项，说明安徽省不断地落实“科技兴贸”战略，出口产品的技术含量正在不断提高。2000—2016年安徽省进口两大类初级产品分别是食品及主要供食用的活动物、非食品原料，2008年非食品原料进口558210万美元，远远超过食品及主要供食用的活动物数额，此后的几年里二者之间数额差距更加显著，可以看出安徽省进口初级产品主要是以非食品原料进口为主，进口比重由2015年的50.81%上升到2016年的54.01%，可归因于安徽省这两年制造业发展迅速导致对原材料需求的大量增加，进口的工业制成品中占据主导地位的是机械及运输设备，其次是轻纺产品、橡胶制品矿冶产品及其制品，最后是化学品及有关产品，进口比重由2015年的49.2%下降到2016年的46.0%，工业制成品的进口比重呈现波动式下降。从2004年以后，工业制成品进口比重小于初级产品进口比重。（限于篇幅原因，具体数据并未在文中具体列出，以上数据均来源于《安徽省统计年鉴》）

由以上分析可知，安徽省近两年出口贸易主要以工业制成品出口为主、初级产品出口为辅，出口贸易商品结构逐步优化；近两年进口贸易主要以初级产品为主，非食品原料在进口中比重最大且不断增加，进口的工业制成品中主要以机械及运输设备为主，说明安徽省对外贸易在很大程度上是要通过进口原料和设备，对资源类产品依赖性较强，引进吸收创新能力有待于进一步的提高，应当继续加大研究与开发投入力度，提升贸易商品的技术含量以及企业的创新能力；努力提升安徽省外贸的技术外溢能力，以优化和提升产品、产业的竞争力为切入点，努力改善贸易商品结构，激发高技术含量出口竞争性企业的创造力与活力，优化竞争环境，加大扶持力度；注重吸收外商投资的溢出效益，增强引进吸收再创新能力。

三、安徽对外贸易伙伴分布分析

从表1-9可以看出，在对外贸易的合作伙伴问题上，欧美传统市场一直是安徽省出口的重要市场，与北美洲贸易份额仅次于欧洲，进出口市场多元化程度较低。2014年，安徽省对亚洲市场进出口1366.4

亿元，增长 19.1%，占全省比重 45.1%，比重与增速均居各大洲之首。此外，对北美洲进出口 457.4 亿元，增长 12.6%。同期，我省对欧洲进出口 496 亿元，增长 8.1%；对非洲、拉丁美洲和大洋洲进出口贸易额分别下降 10%、10.63% 和 15.3%；据相关资料统计截至 2015 年，安徽省进出口经营权企业达到 22000 多家，与安徽省有贸易往来的国家和地区达到 220 个，2016 年增加到 222 个，对排名前三的贸易伙伴国（美国、日本、澳大利亚）分别进出口 153.9 亿元、76.3 亿元和 54.7 亿元，分别增长 25.9%、77.1% 和 72.8%，由此可以看出安徽省贸易合作伙伴在不断扩大，国际市场加快拓展，同时与“一带一路”沿线国家和地区的贸易往来也进一步加深。但是近两年外贸合作出现了一些新状况，2015 年对亚洲、欧洲、大洋洲贸易增速出现第二个“负增长”，大洋洲的波动幅度比较大，这与 2015 年我国主要市场整体贸易规模萎缩有关，导致中部省份贸易规模在一定程度上受到冲击。从进出口贸易额总体上变化来看，2016 年对外贸易合作总额呈现出下降的趋势，从贸易增速方面看，2016 年也是个“低谷”之年，安徽省与世界各洲贸易总额均呈现出较大幅度的下降，亚洲地区降幅比较稳定，非洲降幅最为显著，主要是因为 2016 年我国外贸运行态势整体都不太向好，贸易增速仍延续下滑趋势，主要发达经济体贸易规模下滑，中部地区贸易降幅最大，安徽省原本与非洲国家贸易数额基数较小，因此与非洲国家贸易合作对经济发展的下滑相应的最为敏感，从而反馈的“弹性”系数也就越大，但是这些下滑都是经济缓慢复苏新常态的具体表现。

从表 1－10 可以看出，2015 年、2016 年与安徽省贸易额从大到小的依次是亚洲、欧洲、北美洲、拉丁美洲、非洲、大洋洲，亚洲地区一直以来都是安徽省重要贸易合作伙伴，这在很大程度上可以归因于中国地处亚洲，与亚洲各国距离较近，运输成本较小，且生活环境、文化习惯略为相近。欧洲市场是安徽省即亚洲市场之后的第二大国际贸易市场，但进出口贸易总额占比从整体上呈现出波动式下降的趋势，2016 年相对于 2015 年贸易总额占比略微上升。

表1-9 2000—2016年安徽省同世界各洲与美国贸易情况

年份	亚洲（万美元）			非洲（万美元）		
	进出口总额	出口总额	进口总额	进出口总额	出口总额	进口总额
2000	146732	97454	49278	18196	17048	1148
2001	151034	95578	55456	22117	20650	1467
2002	180812	103679	77133	24893	22504	2389
2003	250159	126220	123939	33637	30926	2711
2004	296446	169128	127318	31240	27506	3734
2005	344675	221748	122927	44765	38979	5786
2006	449687	295531	154156	71193	58836	12357
2007	541188	338896	202292	92762	75988	16774
2008	682384	436156	246228	139678	112712	26966
2009	554488	351781	202703	134402	107999	26404
2010	922210	457252	464958	169392	125582	43810
2011	1123615	642923	480692	186313	138494	47820
2012	1486168	1039555	446613	305165	264526	40639
2013	1854714	1187392	667322	292513	250439	42075
2014	2223971	1427250	796721	262789	217180	45609
2015	2102546	1440279	662267	271486	225137	46349
2016	1816057	1225398	590660	224606	171694	52911
年份	欧洲（万美元）			拉丁美洲（万美元）		
	进出口总额	出口总额	进口总额	进出口总额	出口总额	进口总额
2000	68347	43617	24730	38738	13298	25440
2001	80159	52521	27638	37730	13514	24216
2002	100525	51525	49000	37062	13985	23077
2003	153902	69778	84124	52344	15171	37173
2004	172949	96567	76382	89638	21003	68635
2005	195341	124629	70712	140379	32364	108015
2006	265668	157623	108045	194668	48467	146201
2007	332726	244951	87775	322957	75473	247484

2008	403365	293338	110027	399167	105927	293240
2009	284162	183412	100749	254457	79633	174827
2010	412713	285118	127595	412404	146020	266385
2011	590660	410062	180595	546256	228380	317876
2012	713079	556223	156856	618936	320736	298200
2013	745970	570370	175600	743316	291737	451580
2014	806746	625176	181579	664290	257363	369223
2015	790130	629911	160219	695316	326093	369223
2016	758016	577359	180655	642550	233266	409263

年份	北美洲（万美元）			大洋洲（万美元）		
	进出口总额	出口总额	进口总额	进出口总额	出口总额	进口总额
2000	53550	42293	11257	9126	3496	5630
2001	57147	42437	14710	13810	3526	10284
2002	61246	49317	11929	13587	4331	9256
2003	79331	58549	20782	24918	5780	19138
2004	98765	71825	26940	32083	7625	24458
2005	128855	89907	38948	57956	11411	46545
2006	160413	110078	50335	83231	13082	70149
2007	199905	132430	67475	103401	14387	89014
2008	258296	169140	89156	160546	17998	142548
2009	226922	146873	80050	109074	19033	90040
2010	308197	204493	103704	202206	22296	179911
2011	391097	255775	135322	295737	32750	262987
2012	585598	440763	144835	223548	53417	170131
2013	661708	470722	190986	265098	54978	210120
2014	744905	562097	182808	224536	60248	164288
2015	805900	616874	188926	215379	73030	142349
2016	794474	584673	209837	202243	56018	146227

年份	国别地区不详（万美元）			美国（万美元）		
	进出口总额	出口总额	进口总额	进出口总额	出口总额	进口总额
2000	0	0	0	46700	39195	7505
2001	0	0	0	49762	39099	10663
2002	0	0	0	54721	45861	8860
2003	0	0	0	69673	53795	15878
2004	0	0	0	82252	64321	17931
2005	0	0	0	106061	80571	25490
2006	0	0	0	126372	96096	30276
2007	39	0	39	155965	114937	41028
2008	93	0	93	221277	149091	72186
2009	18	0	18	187694	130973	56722
2010	26	0	26	265341	183583	81757
2011	655	452	202	325199	229180	96020
2012	33	8	25	494092	392144	101948
2013	56	0	56	555744	422477	133268
2014	42	4	38	651757	514345	137413
2015	51	0	51	710737	570066	140672
2016	44	3	41	699442	536757	162685

数据来源：《安徽统计年鉴》。

表 1-10 2000—2016 年安徽省与世界各洲进出口贸易总额占比情况 （单位：%）

年份	亚洲	非洲	欧洲	拉丁美洲	北美洲	大洋洲
2000	43.84	5.44	20.42	11.57	16.00	2.73
2001	41.72	6.11	22.14	10.42	15.79	3.81
2002	43.24	5.95	24.04	8.86	14.65	3.25
2003	42.09	5.66	25.90	8.81	13.35	4.19
2004	41.11	4.33	23.98	12.43	13.70	4.45
2005	37.79	4.91	21.42	15.39	14.13	6.36
2006	36.71	5.81	21.69	15.89	13.10	6.80

（续表）

年份	亚洲	非洲	欧洲	拉丁美洲	北美洲	大洋洲
2007	33.97	5.82	20.89	20.27	12.55	6.49
2008	33.39	6.84	19.74	19.53	12.64	7.86
2009	35.46	8.60	18.17	16.27	14.51	6.98
2010	38.00	6.98	17.00	16.99	12.70	8.33
2011	35.85	5.94	18.84	17.43	12.48	9.44
2012	37.79	7.76	18.13	15.74	14.89	5.68
2013	40.64	6.41	16.35	16.29	14.50	5.81
2014	45.14	5.33	16.37	13.48	15.12	4.56
2015	43.07	5.56	16.19	14.25	15.51	4.41
2016	40.92	5.06	17.08	14.48	17.9	4.56

数据来源：历年《安徽省统计年鉴》。

四、安徽贸易方式转变

一般贸易与加工贸易是国际贸易两种常见的类型，也是占主导地位的国际贸易方式。一般贸易就是指通过普通方式进出口货物并且按正常手续收、付汇的贸易方式。加工贸易分为来料加工贸易与进料加工贸易。来料加工贸易是外商提供的料件加工成成品后返回给提供料件的外商，收取加工费；进料加工贸易是自己付汇购买料件加工成成品之后复出口，两者之间的区别在于物权所属的不同。相比于一般贸易，加工贸易的商品必须全部出口，做核销，海关监管方式也比较复杂、严格。鉴于数据的可得性，本书列出了2008—2016年安徽省一般贸易与加工贸易金额及所占比重（表1-11)、2008—2016年安徽省来料加工装配贸易与进料加工贸易金额及其比重（表1-12)。2016年，安徽省一般贸易进出口额达到3170609万美元，占全省外贸总额的比重为71.44%；加工贸易进出口额达到964237万美元，占全省外贸总额的21.72%，比2015年提升了0.5个百分点。从表1-11中可以看出，2008—2016年安徽省的一般贸易都占据主导地位，但整体上其在进出口贸易额中的比重呈现出下降的趋势。2008—2010年基本保持在

80%左右，2010年以后比重开始下降，基本维持在70%以上的水平，但其所占比重仍远远高于加工贸易。

分别从出口与进口方面来看，2008—2012年安徽省一般贸易进口所占比重均高于出口所占比重，其余年份（除2014年）出口所占比重均小于进口所占比重，但两者之间的差距在不断缩小，呈现基本持平的状态。这说明在进出口贸易中，进口贸易所含的一般贸易更多，但随着对外贸易结构的优化，二者的比例将会更加协调。加工贸易在安徽省进出口贸易中所占的比重接近于一般贸易所占比重的四分之一，基本维持在20%左右的水平，呈波动上升趋势，且与一般贸易之间的差距也在逐渐缩小。与一般贸易有所不同的是，2008—2016年（除2013年、2014年外）安徽省加工贸易出口所占比重均高于进口所占比重，说明安徽省在加工贸易方面的出口情况要好于进口情况。

将加工贸易进一步细分，又可分为来料加工装配贸易与进料加工贸易，而在这两者中进料加工占据了绝对的主导地位。2016年，安徽省来料加工装配贸易额为24141万美元，占比为0.54%；进料加工贸易额达到940096万美元，占比21.18%，是来料加工装配贸易的38.9倍。由上面的分析我们得知，加工贸易比重整体上呈现上升趋势。其中，进料加工贸易的比重总体上在上升，而来料加工装配贸易的比重总体上却在下降。

综合以上的分析可知，安徽的一般贸易远高于其他贸易方式，占据了绝对的主导地位。这些情况表明，安徽省的贸易发展方式仍处于较低层次，贸易发展方式单一且不够充分。这从一定程度上反映出对传统产业改造所需的先进设备、技术的引进和利用的不足，进一步影响了安徽产业结构的调整和升级。因此我们需要继续利用自身发展优势，积极转变外贸发展方式，进一步优化外贸产业结构，推动加工贸易转型升级。但需要注意的是，在大力促进加工贸易的同时要避免落入比较优势陷阱。从长远来看，在经济发展新常态和供给侧改革的经济背景下，安徽省的经济发展迎来了新一轮的战略机遇期。因此，我们要把握时机、抓住机遇，充分利用“皖江城市带承接产业转移”及“一带一路”发展倡议等相关政策，推动安徽省外贸又好又快发展。

表 1－11 2008－2016 年安徽省一般贸易与加工贸易金额及所占比重

年份	一般贸易					
	进出口		出口		进口	
	金额（万美元）	比重（%）	金额（万美元）	比重（%）	金额（万美元）	比重（%）
2008	1634161	80.00	841771	74.00	792390	87.00
2009	1229024	78.61	659040	74.16	569984	84.47
2010	1951022	80.37	930014	74.92	1021008	86.06
2011	2420386	77.24	1240683	72.62	1179704	82.76
2012	3044848	77.43	2057810	76.92	987038	78.5
2013	3509596	76.91	2216859	78.46	1292737	74.39
2014	3454238	70.10	2196147	69.73	1258091	70.76
2015	3495021	71.60	2395201	72.30	1099820	70.10
2016	3170609	71.44	2039513	71.60	1131097	71.16

年份	加工贸易					
	进出口		出口		进口	
	金额（万美元）	比重（%）	金额（万美元）	比重（%）	金额（万美元）	比重（%）
2008	341319	17.00	256864	23.00	84455	9.00
2009	266854	17.06	176477	19.86	90377	13.40
2010	411796	16.96	274694	22.13	137102	11.56
2011	638169	20.37	424218	24.83	113951	15.01
2012	628714	15.99	406530	15.19	222184	17.67
2013	894895	19.61	533856	18.89	361039	20.78
2014	1174746	23.84	875624	27.80	299122	16.82
2015	1017430	21.21	801376	24.82	216056	13.76
2016	964237	21.72	719278	25.25	244959	15.41

数据来源：历年《安徽省统计年鉴》。

表 1－12 2008—2016 年安徽省来料加工装配贸易与进料加工贸易金额及其比重

年份	来料加工装配贸易					
	进出口		出口		进口	
	金额（万美元）	比重（%）	金额（万美元）	比重（%）	金额（万美元）	比重（%）
2008	15666	1.00	11196	1.00	4470	0.00
2009	13039	0.83	9221	1.04	3818	0.57
2010	16580	0.68	10440	0.84	6140	0.52

（续表）

年份	来料加工装配贸易					
	进出口		出口		进口	
	金额（万美元）	比重（%）	金额（万美元）	比重（%）	金额（万美元）	比重（%）
2011	34376	1.1	12651	0.74	21725	1.52
2012	32453	0.83	12919	0.48	19534	1.55
2013	19699	0.43	13085	0.46	6614	0.38
2014	20761	0.42	12886	0.41	7875	0.44
2015	21424	0.45	12412	0.38	9013	0.57
2016	24141	0.54	14517	0.51	9624	0.61

年份	进料加工装配贸易					
	进出口		出口		进口	
	金额（万美元）	比重（%）	金额（万美元）	比重（%）	金额（万美元）	比重（%）
2008	325653	16.00	245668	22.00	79985	9.00
2009	253815	16.23	167256	18.82	86559	12.83
2010	395216	16.28	264254	21.29	130962	11.04
2011	603793	19.27	411567	24.09	92226	13.49
2012	596261	15.16	393611	14.71	202650	16.12
2013	875196	19.18	520771	18.43	354425	20.4
2014	1153985	23.42	862738	27.39	291247	16.38
2015	996006	20.76	788964	24.44	207043	13.19
2016	940096	21.18	704761	24.74	235335	14.80

数据来源：历年《安徽省统计年鉴》。

第二节　安徽与中部省份对外贸易比较分析

一、对外贸易规模比较

一方面，从 2015—2016 年安徽省与中部各省排名比较（表 1－13）可以看出，2015 年安徽省进出口贸易总额排名仅次于河南省，领先于排在第三位的湖北省。但是 2015 年进口总额在中部六省排名落后于湖北省，2016 年进出口总额仅次于河南省排在第二位，进口排名反超湖北省，与2015年刚好相反。这两年河南省无论是进口、出口，还是进出口综合排名都一直位于中部六省之首，从排名情况可以粗略看出，安徽省相比较中部其他五省在贸易规模上有超越河南省贸易规模的潜力，出口贸易总额排名近两年一直高于进口贸易数额排名，山西省贸易发展规模一直落后于其他五省。

表1-13 2015—2016年安徽省与中部各省排名比较

年份	安徽省	河南省	湖北省	湖南省	江西省	山西省
2015						
进口	3	1	2	4	5	6
出口	2	1	4	5	3	6
进出口	2	1	3	5	4	6
2016						
进口	2	1	3	5	4	6
出口	3	1	4	5	2	6
进出口	2	1	4	5	3	6

数据来源：中部六省历年统计年鉴。

另一方面，从安徽省与中部各省进口、出口、进出口额占比（表1-14）明显看出中部六省对外贸易规模较小，且近些年来中部各省对外贸易发展程度不同，对外贸易差距在逐渐扩大。从2000—2010年安徽省出口占比均高于河南省，可以大致看出这十一年出口占比处于中部六省第一位置，2010年以后，河南省出口贸易迅速发展，在总的进出口贸易总额占比超过了安徽省，江西省出口贸易占比和安徽省相差不大，且近两年无论是进口、出口还是进出口额在整个中部六省所占比重都是最高的，分别为33.8%、27.3%、29.6%，高出山西省近10个百分点。2015年河南省进出口贸易总额为4600.18亿元，占中部六省贸易总额的29.2%，2016年为4714.7亿元，占中部六省的29.6%。之所以贸易规模不断扩大，主要是因为近两年尤其是2016年在国际市场需求疲软、外贸形势十分严峻的大背景下，河南省依据本省发展状况，从稳增长和调结构两个方面综合实施政策，先后出台了加工贸易、服务外包、服务贸易等政策措施，促进了河南省对外贸易规模的扩大。相反安徽省进口、进出口贸易规模近两年从整体上都有不同程度的下降，且2015年安徽省进口贸易规模和河南省相差较大，2015年进口占比比河南省低15个百分点，2016年低7.8个百分点，差距比2015年有所减弱，但无论是进口、出口还是进出口规模2015年、2016年都是仅次于河南省，成为中部对外贸易第二大省，说明安徽省在外贸发展水平上相对于中部其他省份具有一定的优势，外贸发展具有一定的潜力，与此同时安徽省、湖北省相对于中部其他省份外贸发展速度相对平稳。

表1-14 2000—2016年安徽省与中部各省进口、出口、进出口占比 （单位：%）

年份	安徽省			河南省			湖北省		
	进口	出口	总额	进口	出口	总额	进口	出口	总额
2000	23.2	22.4	22.7	15.5	15.4	15.5	25.4	20.00	21.8
2001	21.7	22.7	22.3	17.5	17.0	17.2	28.9	17.90	22.1
2002	24.5	21.9	22.9	15.4	19.0	17.6	26.3	18.80	21.7
2003	27.5	15.2	23.7	16.5	21.9	18.8	23.4	19.50	20.3
2004	22.9	19.1	20.6	17.1	20.2	18.9	23.6	16.40	19.4
2005	23	21.3	22.0	15.4	20.8	18.6	27.1	18.10	21.8
2006	25.5	20.9	22.7	14.9	20.3	18.1	25.9	19.10	21.8
2007	23.4	20.1	21.4	14.5	19.1	17.2	22.0	18.60	20.0
2008	22.7	19.2	20.6	16.9	18.1	17.6	22.5	19.80	20.9
2009	18.8	21.2	20.1	17.1	17.5	17.3	20.2	23.80	22.2
2010	22.2	19.6	20.8	13.7	16.6	15.3	21.5	22.80	22.2
2011	20.4	18.4	19.2	19.2	20.7	20.1	20.2	21.00	20.6
2012	17.2	22.2	20.3	30.3	24.6	26.8	17.3	16.10	16.5
2013	21.3	20.5	20.8	29.4	26.1	27.3	16.6	16.50	16.6
2014	20.0	19.9	19.9	28.9	24.8	26.3	18.5	16.80	17.4
2015	17.9	24.3	19.7	34.5	31.3	29.2	18.4	21.10	16.8
2016	19.8	19.0	19.3	33.8	27.3	29.6	15.8	16.60	16.3

年份	湖南省			江西省			山西省		
	进口	出口	总额	进口	出口	总额	进口	出口	总额
2000	17.0	17.1	17.0	8.4	12.4	11.0	10.4	12.80	12.0
2001	16.3	17.5	17.0	8.0	10.3	9.4	7.7	14.60	12.0
2002	15.3	16.1	15.8	9.1	9.4	9.3	9.2	14.90	12.7
2003	15.1	15.8	14.9	9.7	11.0	10.1	7.8	16.70	12.3
2004	16.3	15.1	15.6	10.7	9.7	10.1	9.4	19.60	15.4
2005	13.2	15.3	14.5	9.5	10.0	9.8	11.8	14.40	13.4
2006	10.6	15.6	13.6	11.5	11.5	11.5	11.7	12.70	12.3
2007	10.4	14.9	13.0	13.2	12.4	12.7	16.6	14.90	15.6
2008	10.3	14.2	12.7	14.7	13.1	13.7	12.9	15.60	14.5
2009	13.0	13.1	13.0	15.0	17.6	16.4	15.9	6.80	11.0
2010	12.5	12.5	12.5	15.4	21.1	18.5	14.7	7.40	10.8
2011	13.0	10.6	11.6	13.8	23.5	19.3	13.4	5.80	9.1
2012	12.8	10.5	11.3	11.4	20.8	17.3	11.0	5.80	7.8
2013	12.7	10.7	11.5	10.5	20.4	16.7	9.6	5.80	7.2
2014	12.4	12.6	12.5	12.1	20.2	17.3	8.2	5.60	6.6
2015	11.5	13.8	11.6	10.5	23.9	16.8	7.2	6.10	5.9
2016	10.4	11.6	11.2	12.2	19.0	16.6	8.0	6.30	6.9

数据来源：各省统计年鉴。

从出口贸易增速对比（图 1 - 2）可以看出，除了山西省和江西省出口呈现较大幅度的变动，2001—2009 年安徽省出口增速与中部其他几省相比而言，波动较大。2009 年以后出口增速波动较小，2003 年出现首个出口“负增长”，2004 年出口增速位于中部六省第一，达到“高峰值”，2005—2009 年出口增速一直下降，随后出口形势大致向好，除了 2009 年受到金融危机影响，中部六省出口在 2009 年均以较大的幅度跌入“谷底”。2012 年安徽省出口增速又开始上升，上升的幅度仅次于 2004 年，2014—2016 年出口增速放缓，2014 年湖南省出口增速约是安徽省的三倍（表 1 - 15），近两年中部其他五省出口增速均出现了一定程度的下滑。河南省在中部六省中，出口增速总体以平缓的速度增长，波动幅度不大。在 2014 年以前，安徽省出口增速在中部六省处于中高水平，2014 年以后，由于我国经济发展进入“新常态”，安徽省及其他五省出口增速放缓，2016 年出现第三个出口“负增长”，上述这些变化都是经济发展新常态的具体表现，说明安徽省及中部其他省份与世界经济融合度正在不断提升。

表 1-15　2001—2016 年安徽省与中部各省出口增速对比　（单位：%）

年份	安徽省	河南省	湖北省	湖南省	江西省	山西省
2001	5.1	14.9	−6.9	6.1	−13.2	18.70
2002	7.5	23.5	16.8	2.4	1.3	13.20
2003	−15.9	40.6	26.5	19.5	59.1	36.40
2004	90.7	40.1	27.4	44.3	32.5	77.60
2005	31.8	22.1	31.5	20.9	22.3	−12.50
2006	31.7	31.5	40.6	36.0	53.8	17.30
2007	29	26.5	30.5	28.1	45.5	57.80
2008	28.7	27.9	41.8	29.1	40.8	41.50
2009	−21.7	−31.5	−14.8	−34.7	−4.7	−69.30
2010	39.6	43.4	44.7	44.8	82.1	66.00
2011	37.6	82.7	35.3	24.4	63.1	15.40
2012	56.6	54.3	−0.6	27.3	14.8	29.40
2013	5.6	21.3	17.7	17.6	12.2	14.00
2014	11.4	8.4	16.7	33.9	13.7	11.80
2015	5.2	11	11	−2.9	4.8	−5.80
2016	−11.7	5.7	−5.3	1.5	−4.1	25.20

数据来源：各省份历年统计年鉴。

在进口贸易增速方面，从表 1-16 的数据变化中可以看出，2009 年以前安徽省进口增速相对于山西省上升或者下降的幅度总体不是很显著，如 2007 年安徽省进口增长了 31.4%，同期山西省进口额剧增，占比达到了中部六省之首，为 102.5%。2016 年江西省进口增速超过安徽省，总体而言 2001—2016 年中部六省进口增速呈现出与出口增速截然不同的变化态势。从图 1-3 可以看出，进口增速变化

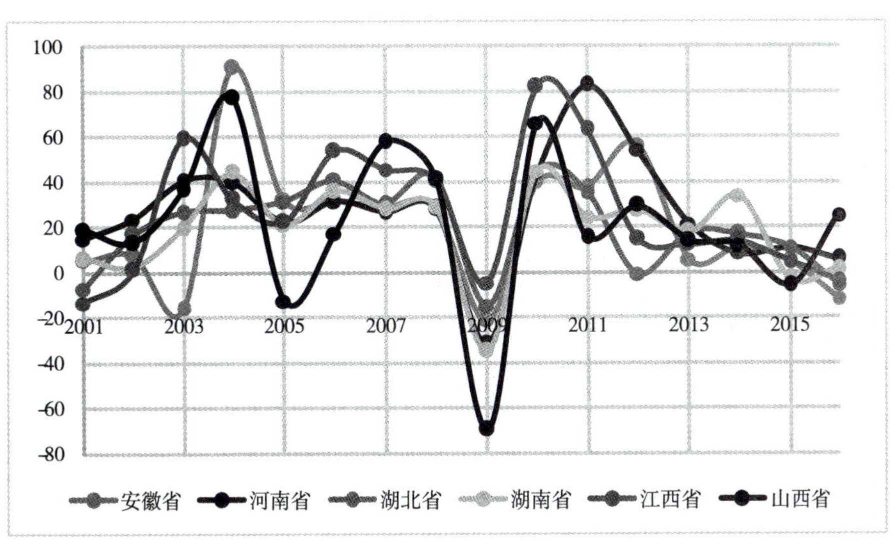

图 1-2　2001—2016 年安徽省与中部省份出口增速比较

幅度比出口增速显著很多，如河南省出口增速比较平稳，但进口增速变化幅度与出口增速表现相反，安徽省 2010 年进口增速出现第一个“峰值”，已恢复并超过金融危机前的发展水平，2010—2012 年除了河南省、湖南省以外，其余各省进口速度下降，安徽省下滑最明显，2015 年出现第二个进口“负增长”，2016 年外贸结构得到了及时调整，恢复到了正增长水平，相比较出口，2016 年进口贸易发展形式比出口乐观，从表中可以看出总体而言安徽省进口增速在中部六省中处于第三位的增速发展水平，我省外贸转型升级依然面临着较大的压力。

表 1-16　2001—2016 年安徽省与中部各省进口增速对比　（单位：%）

年份	安徽省	河南省	湖北省	湖南省	江西省	山西省
2001	13.9	37.8	39.1	16.9	15.3	−10.4
2002	29.1	0.7	4.2	7.6	30.6	37.8
2003	66.9	60.0	32.3	47.1	43.1	25.9
2004	13.6	40.4	38.0	47.2	50.3	64.6
2005	20.0	8.1	37.0	−3.5	5.4	49.6
2006	37.7	9.3	18.0	4.4	50.7	23.3

（续表）

年份	安徽省	河南省	湖北省	湖南省	江西省	山西省
2007	31.4	39.6	22.0	40.2	64.7	102.5
2008	27.8	54.5	34.3	31.1	50.9	2.1
2009	−25.7	−9.9	−19.4	12.9	−10.0	11.1
2010	75.7	18.4	57.7	44.5	48.5	37.3
2011	19.9	83.5	21.5	35.9	18.1	18.5
2012	−11.9	64.9	−10.6	2.7	−13.5	−13.9
2013	38.6	8.6	7.9	10.7	3.2	−2.8
2014	2.3	6.1	21.2	5.4	25.2	−6.3
2015	−11.3	21.9	1.4	−5.1	−11.7	−13.7
2016	2.1	−1.8	−13.6	−8.9	17.3	14.2

数据来源：各省统计局。

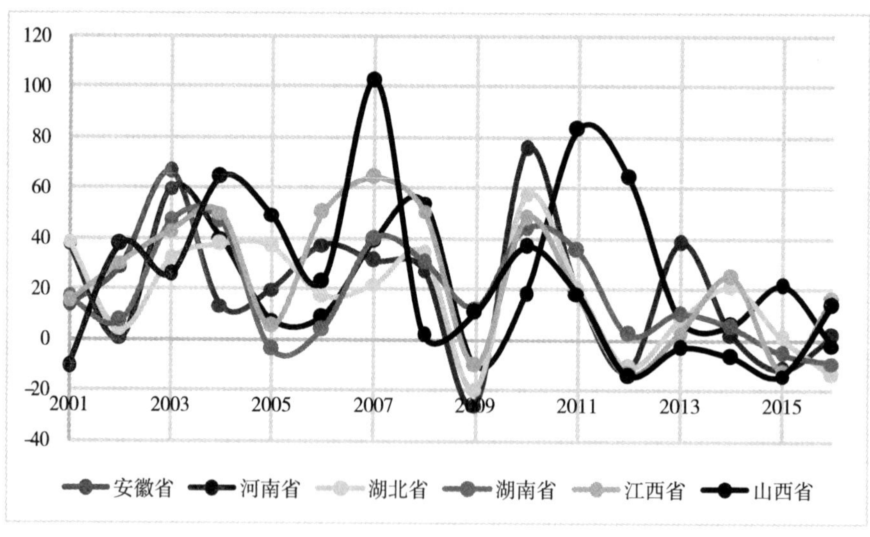

图 1-3　2001—2016 年安徽省与中部各省进口增速对比趋势图

在进出口贸易增速方面，从总体而言安徽省进出口增速与江西省增长或者波动趋势大致相同，每年以 20%～40%的水平波动，安徽省进出口增速的波动幅度大于江西省。江西省从 2010 年以后进出口增速有超越安徽省趋势，安徽省进出口增速在 2010 年以后一直处于下降的态势，不利于安徽省外贸经济的可持续发展，且近两年安徽省进出口增速出现了“负增长”并且下降幅度比湖南省大，是中部六省中下降幅度最大的，外贸进出口处于相对劣势的发展状态，比山西省增速高，进出口在2016年缩水9.1%，说明安徽省外贸发展依然面临着严峻的形势，外贸发展存在巨大的潜力，同时不确定因素也在增加。山西省进出口增速近五年都处于“负增长”水平，位于六省之尾，湖北、湖南进出口增速的发展趋势相似。

表1-17 2001—2016年安徽省与中部各省进出口增速对比 （单位:%）

年份	安徽省	河南省	湖北省	湖南省	江西省	山西省
2001	8.2	22.8	11.5	9.8	−5.7	−10.4
2002	15.5	14.7	10.5	4.3	10.7	37.8
2003	42.3	47.2	29.2	29.9	49.2	25.9
2004	21.3	40.2	32.5	45.5	39.64	64.6
2005	26.5	17.0	34.3	10.4	14.9	49.6
2006	34.3	22.4	29.1	22.4	52.6	23.3
2007	30.1	30.7	26.6	31.8	53	102.5
2008	28.3	37.1	38.4	29.7	45.1	2.1
2009	−23.4	−23.1	−16.8	−19.1	−7.0	11.1
2010	55.1	32.0	50.2	44.7	67.9	37.3
2011	29.0	83.1	29.1	29.6	46.1	18.5
2012	25.5	58.6	−4.8	15.5	6.2	−13.9
2013	16.2	15.9	13.8	14.7	10.0	−2.8
2014	8.0	7.5	18.4	22.2	16.4	−6.3
2015	−0.80	15.3	7.3	−3.7	0.7	−13.7
2016	−7.20	2.6	−8.3	−2.1	0.6	14.2

数据来源：各省统计年鉴。

二、对外贸易方式比较

从对外贸易方式上看，安徽省近三年来一般贸易进出口在总贸易额占比保持稳定比重，均在75%（表1-18）以内，与加工贸易占比差额较大，加工贸易占比不超过20%，和湖北省加工贸易占比大致相

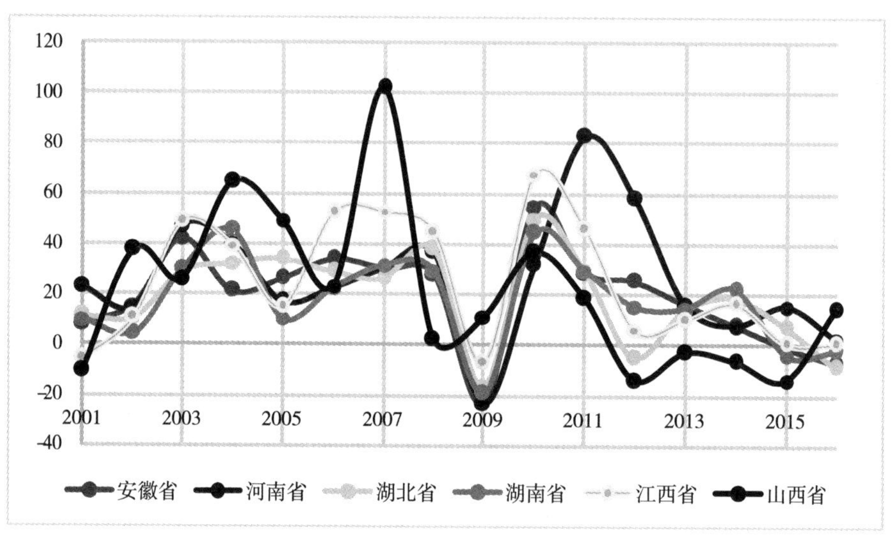

图 1－4　安徽省与中部各省进出口增速对比趋势图

同，比湖南省加工贸易占比低了五个百分点左右，说明安徽省在对外贸易发展过程中主要以一般贸易方式为主，加工贸易方式为辅。2016年，安徽省以加工贸易方式进出口 636.6 亿元，增长 0.9%，占比 21.7%，比重较 2015 年提升 0.9 个百分点。同期，一般贸易方式进出口 2097 亿元，下降 0.8%，占全省 71.5%，比重与 2015 年基本持平。加工贸易相对于一般贸易而言占比非常低，近几年来安徽省对外贸易缺乏新的技术引进和创新动力，短时间内难以快速实现外贸方式转型。值得注意的是，从前面贸易规模分析可知，山西省贸易规模发展远远落后于安徽省的贸易发展规模，但是近三年山西省一般贸易占比持续下降，加工贸易占比均超过 50%，远远超过了安徽省，在 2016 年几乎和河南省持平。这说明近几年山西省致力于转变外贸发展方式并且取得了显著成效，进一步扩大开放，深化贸易改革，技术创新能力进一步增强，如手机出口大幅度增长、高新技术企业数量增加，进一步带动周边区域经济贸易的增长等都是山西省取得的显著的贸易成效。安徽省在转变贸易方式上取得的效果相较之下并不显著，一般贸易比重占据对外贸易的绝大部分，因此安徽省应当结合本省实际贸易发展状况，积极主动地学习山西省近几年贸易转型升级成功的原因，加强对招商引资的统筹协调能力，在做“大”外贸的同时也应该做“强”外贸，促进外贸转型升级。

与此同时，河南省加工贸易稳居中部六省之首，江西省加工贸易和安徽省近两年发展情况大致相同，加工贸易占整个贸易额很小的一部分，对外贸易尤其是加工贸易近两年处于发展的“停滞”期。总的来说，虽然中部六省近几年在努力转变外贸发展方式，积极参与经济全球化，主动承接东部地区产业结构转移，在出口贸易商品结构方面，增加机电产品中高附加价值产品的出口，但是由于中部六省受到地理位置和经济发展水平的限制，在对外贸易发展方式上和东部沿海各省份存在较大差距，如在海上贸易发展上明显落后于东部沿海省份，所以说整体来看，中部六省加工贸易比重偏低，一般贸易仍是中部六省的主要贸易形式。

表 1-18　2012—2016 年安徽省与中部各省进出口贸易方式对比

年份	安徽		河南		湖北		湖南		江西		山西	
	一般	加工	一般	加工	一般	加工	一般	加工	一般	加工	一般	加工
2012	0.77	0.16	0.35	0.59	0.66	0.28	0.69	0.29	0.66	0.24	0.65	0.29
2013	0.77	0.20	0.32	0.64	0.69	0.26	0.68	0.30	0.74	0.23	0.57	0.36
2014	0.70	0.24	0.32	0.65	0.70	0.25	0.67	0.28	0.60	0.11	0.48	0.50
2015	0.72	0.21	0.26	0.60	0.65	0.22	0.58	0.33	0.70	0.14	0.40	0.59
2016	0.71	0.22	0.27	0.68	0.71	0.21	0.71	0.27	0.79	0.19	0.31	0.69

数据来源：各省统计年鉴。

三、对外开放度比较

衡量贸易开放度指标通常有外贸依存度和外资依存度两个指标，外贸依存度又称为对外贸易系数，是指一个国家或地区进出口贸易额占国内生产总值的比重，也是衡量一个国家或地区进出口对国际市场的依赖程度的指标。由于外贸依存度和外资依存度分别从对外贸易和外资的角度衡量对外开放度，单纯利用其中某一个指标都难以全面而客观地评价整体的对外开放度。因此，将对外贸易和外资综合起来衡量区域经济的总体开放程度。本节利用进出口总额的年度数据与相应的 GDP 的比值，对外贸依存度进行测算，即外贸依存度＝进出口总额/GDP,外资依存度是一定时期内一国或地区的进出口贸易值与该国或该地区同时期内的国内生产总值（GDP）的比值，是反映一国或者地区利外资的程度大小，本节利用外商直接投资实际使用额（FDI）与相应地区生产总值 GDP 的比重来表示，即外资依存度＝实际利用外资总额/GDP。对外开放度的测算本节利用公式即对外开放度＝外贸依存度＋外资依存度（表 1－19）。

从表 1－19 中可以看出，中部各地区总体对外开放程度不高，对外开放度平均不超过 15%，湖北省对外开放度总体比湖南省高，但是不及安徽省，山西省对外开放度最低，每年对外开放度不超过 12%。2009 年由于美国金融危机的剧烈冲击，导致出口锐减，中部六省外贸依存度都出现了“负增长”现象，安徽省对外开放度下跌了 5.33 个百分点，是中部六省中下跌最剧烈的，同前面外贸依存度、外资依存度分析内容相似。安徽省对外开放度和江西省相当，且以 2008 年为分界点，2008 年以后江西省对外开放度高于安徽省，位于中部之首。近两年安徽省和江西省对外开放度差距逐渐缩小，且以较为平稳的增长速度一直维持在第二的位置上，但是 2016 年相对于 2015 年对外开放度有所下降，下降了 1.38%。从安徽省宏观对外开放环境角度考虑，可能由于近两年对外开放环境的恶化使得对外开放水平得到一定程度的下降。河南省近两年有赶超安徽省的趋势，与安徽省差距逐步缩小，2016 年对外开放度相对于 2015 年下降了 0.59%。综上，安徽省对外开放水平位于中部中等水平以上，和江西省不相上下，湖北省仅次于安徽省，河南和湖南省位于中等一般水平，山西省位于六省最末端位置。

表 1－19　2000—2016 年安徽省与中部六省对外开放度比较　（单位：%）

年份	安徽省	河南省	湖北省	湖南省	江西省	山西省	中部六省平均
2000	10.23	5.36	8.04	8.12	8.07	11.10	8.49
2001	10.31	5.36	9.93	7.41	7.88	11.80	8.78
2002	11.41	4.91	10.35	8.70	9.40	9.58	9.06
2003	13.19	6.22	10.23	9.87	12.26	3.49	9.21

（续表）

年份	安徽省	河南省	湖北省	湖南省	江西省	山西省	中部六省平均
2004	13.35	7.03	11.58	10.43	13.21	3.92	9.92
2005	14.95	6.97	14.25	10.55	13.09	4.57	10.73
2006	17.70	7.88	15.09	10.58	15.53	6.43	12.20
2007	19.60	8.01	14.65	10.78	17.49	9.74	13.38
2008	18.73	8.13	14.60	10.32	18.60	11.97	13.72
2009	13.26	6.43	11.12	7.79	15.02	6.64	10.04
2010	16.17	7.09	12.83	8.46	19.05	6.99	11.76
2011	16.23	10.13	12.58	8.27	20.97	6.63	12.47
2012	17.59	13.52	10.67	8.33	19.61	5.49	12.54
2013	18.32	14.14	10.87	17.62	19.13	5.21	14.21
2014	18.15	14.06	11.45	9.38	20.03	4.94	13.00
2015	17.67	15.14	11.49	8.76	19.32	4.46	12.81
2016	16.29	14.55	10.13	8.44	18.17	4.63	12.04

数据来源：各省统计年鉴。

第三节 安徽对外贸易影响因素的实证分析

一、指标选择

按照国际贸易理论及安徽对外贸易的特点，在遵循科学性、整体性、层次性、数据可得性、简洁性等指标构建原则的基础上，经过借鉴、分析、比较，本节选取以下 9 个对安徽贸易影响较大的指标作为分析对象。这 9 个指标分别是：安徽省 GDP（X_1）、汇率（X_2）、城镇居民可支配收入（X_3）、居民消费价格指数（X_4）、实际利用外资额（X_5）、外贸依存度（X_6）、内河港口码头货物吞吐量（X_7）、R&D 值占 GDP 的比重（X_8）、第二产业贡献率（X_9）。

二、数据来源

为了进一步研究与提升安徽省对外贸易发展水平，本节以安徽省作为研究对象，分析其对外贸易发展状况，寻求其对外贸易影响因素，样本的选取数据是根据《中国统计年鉴》和《安徽统计年鉴》以及各个省份的统计年鉴、国家统计局相关指标整理得到（数据略），样本期为 2000—2016 年，限于篇幅的原因，原始数据在文章内容中并未具体列出。

三、研究方法

本节采用因子分析法对安徽省对外贸易发展的影响因素进行评价。因子分析法是一种多元统计方法，它的指导思想是降维，即用尽可能最少的相互独立的因子来对原有变量的绝大部分信息进行反映和解释，从而使得复杂的整体情况简洁化。它可以通过对原变量进行矩阵旋转来消除指标的线性相关问题，并根据主因子对矩阵转换的贡献率生成权重系数，通过因子得分来了解各经济单元的经济效益情况。因此，本书采取这种分析方法，既能准确找出影响安徽对外贸易发展的影响因素，确定影响因素作用的大小，又能通过得分对安徽对外贸易发展的趋势进行总体把控。

四、相关系数矩阵分析

本节的研究在选取数据时，数据之间不可避免存在着较大差距。加之不同变量间也没有统一的计量单位可供使用。因此，在实证分析之前首先要对数据进行标准化处理。本节采用 SPSS 19.0 统计软件对数据进行标准化处理与计算，得到各个指标间的相关系数矩阵 ***R***。

表 1-20　标准化后数据的相关系数矩阵 ***R***

	(X_1)	(X_2)	(X_3)	(X_4)	(X_5)	(X_6)	(X_7)	(X_8)	(X_9)
(X_1)	1.00	−0.93	1.00	0.11	0.99	0.35	0.98	0.99	0.34
(X_2)	−0.93	1.00	−0.93	−0.14	−0.90	−0.34	−0.92	−0.95	−0.56
(X_3)	1.00	−0.93	1.00	0.12	0.99	0.37	0.98	0.99	0.35
(X_4)	0.11	−0.14	0.12	1.00	0.06	0.62	0.25	0.06	0.36
(X_5)	0.99	−0.90	0.99	0.06	1.00	0.31	0.96	0.98	0.25
(X_6)	0.35	−0.34	0.37	0.62	0.31	1.00	0.48	0.36	0.53
(X_7)	0.98	−0.92	0.98	0.25	0.96	0.48	1.00	0.97	0.44
(X_8)	0.99	−0.95	0.99	0.06	0.98	0.36	0.97	1.00	0.39
(X_9)	0.34	−0.56	0.35	0.36	0.25	0.53	0.44	0.39	1.00

由表 1－20 可以看出，各指标系数之间的相关性很强，如 X_1 与 X_2、X_5、X_7、X_8 之间的相关性很强，因此，这 9 个指标之间对经济现象的反映重叠性会比较大。针对上述情况，若用各个变量直接进行分析和计算，变量之间会存在很强的多重共线性。所以选取了因子分析法对数据进行一系列的处理，然后再进行计算和分析。（限于篇幅原因，主因子选取过程并未具体阐述，在文章内容中只列出了实证分析最后的输出结果）

五、因子载荷矩阵与因子识别分析

本节在此选择方差最大正交旋转法并运用在因子旋转中，得到表 1－21 的方差最大正交旋转的因子荷载矩阵。因子和各变量相关程度是通过因子载荷系数来反映的，如果荷载系数的绝对值越大，说明这个因子对现在变量的作用越明显。

表 1－21　方差最大正交旋转的因子荷载矩阵

旋转成分矩阵[a]		
	成分	
	1	2
(X_1)	0.985	0.142
(X_2)	−0.929	0.238
(X_3)	0.982	0.162
(X_4)	−0.045	0.858
(X_5)	0.984	0.072
(X_6)	0.227	0.855
(X_7)	0.941	0.303
(X_8)	0.986	0.145
(X_9)	0.292	0.689

提取方法：主成分。

旋转法：具有 Kaiser 标准化的正交旋转法。

a. 旋转在 3 次迭代后收敛。

由表 1－21 可以看出，第一个公因子 F_1 有最大荷载 0.986 在 X_8

（R&D值占GDP的比重）上，有较大的荷载0.985在X_1（安徽省GDP值）上，有较大的载荷0.984在X_5（实际利用外资额）上，有较大的载荷0.982在X_3（城镇居民可支配收入）上，有较大的载荷0.941在X_7（内河港口码头货物吞吐量）上，有较大的载荷−0.929在X_2（汇率）上。这些指标在不同程度上影响着安徽省对外贸易发展的宏观经济环境，因此，将公因子F_1命名为宏观经济因子。第二个公因子F_2有最大荷载0.858在X_4（居民消费价格指数）上，有较大的载荷0.855在X_6（外贸依存度）上，有较大的荷载0.689在X_9（第二产业贡献率）上。对外依存度受国内外市场影响较大，因此，将公因子F_2命名为直接作用因子。各公因子的线性表达式如下：

$$F_1=0.985X_1-0.929X_2+0.982X_3+0.984X_5+0.941X_7+0.986X_8$$

$$F_2=0.858X_4+0.855X_6+0.689X_9$$

六、实证检验结果与讨论

针对以上分析结果并综合安徽省自身的特点，本节对得出的主要因子进行深入的分析，以此找出影响安徽省对外贸易发展的主要因素。

（一）宏观经济因子

1.GDP

由前文分析可知，安徽省国民经济的整体运行情况较为可观，其国民经济总量呈现出不断增长的态势。2000—2016年，安徽省GDP占全国的比重不断上升，大多数年份以名义价格计算的GDP均以两位数的高增长率持续增长，且与全国的GDP增速基本持平（有时略大于全国增速），但自2013年以后又有所下滑。2016年安徽省的GDP总值与人均GDP值均接近2000年的8.2倍，且GDP总值及人均GDP值均在不断攀升。安徽省GDP总量与增长率的变化符合我国整体经济增长的趋势，且GDP的增长对于发展对外贸易有很大的促进作用，尤其体现在进口方面，因为有足够的资金去支持进口更多的产品，满足国内的生产和消费。此外，GDP与宏观层面的相关性很大，相关系数为0.985，仅次于R&D值占GDP的比重，是宏观经济因子中次重要的因素。

2. 汇率

汇率作为国际贸易中重要的调节杠杆，和本国进出口商品价格直接相关。根据相关的国际贸易理论，如果本国货币贬值，本国商品出口到国际市场上的价格就会变低，因此有利于本国商品的出口；如果本国货币升值，本国商品出口到国际市场上的价格就会变高，因此不利于本国商品的出口。汇率也经常被用来调节一国国际贸易收支平衡，2000—2016 年美元对人民币的汇率呈下跌的趋势，外汇汇率下跌表明我国货币升值，有利于我国的进口贸易，而不利于出口。此外，汇率与宏观经济层面的相关性也相当大，相关性为－0.929，存在着相反的影响，也是宏观经济因子中不容忽视的因素。

3. 城镇居民可支配收入

城镇居民可支配收入长期以来作为反映一个地区居民收入水平的重要指标，是了解居民生活变化情况的基础，在一定程度上也可以反映出一个地区的经济发展状况，与其对外贸易的发展有着一定的联系。2000—2016 年安徽省的城镇居民可支配收入一直以较快的速度增长，这说明安徽省居民的收入条件有所改善，生活水平有所提高，进一步居民的消费需求也会增加，从而在一定程度上有利用进口贸易。此外，城镇居民可支配收入与宏观层面的相关性很大，相关系数为 0.982，是宏观经济因子中较为重要的因素。

4. 实际利用外资额

自 2004 年以来，安徽省实际利用外资额一直以增长的态势发展，2004 年为 5.4669 亿美元，2016 年为 147.6712 亿美元。由此可见，安徽省实际利用外资额增加得很快。实际利用外资情况对于安徽省自身的进出口来说，不仅使国外资金得到了充分利用，同时也吸取了国外先进的技术和管理经验，有利于提升对外贸易发展的水平。因此，实际利用外资额是安徽省对外贸易发展的一个重要的条件。实际利用外资额与宏观经济层面的相关性很大，相关性为 0.984，仅次于 R&D 值占 GDP 的比重和 GDP，是宏观经济因子中重要的因素之一。

5. 内河港口码头货物吞吐量

它是反映港口生产经营活动成果的重要数量指标，能清楚地报告期内经由水路进、出港区范围并经过装卸的货物数量。该指标可反映港口规模及能力。2000—2016年安徽省的内河港口码头货物吞吐量基本呈现出不断增长的趋势，说明安徽省的内河港口规模在不断扩大，这也能在一定程度上反映出安徽省的对外贸易货物运输量的发展情况。本节中内河港口码头货物吞吐量与宏观经济因子的相关性较小，相关性为0.941。

6. R&D值占GDP的比重

21世纪以来，经济全球化与科学技术并重发展，企业越来越热衷于投身全球市场并进行相应的研发投入。从生产率的角度来说，研究认为研发所带来的生产率的提高可以使企业在出口市场具有更大的市场，提高企业的出口率及出口量。R&D经费支出占GDP的比重是指用于研究与试验发展（R&D）活动的经费占地区生产总值（GDP）的比重。因此，该指标可反映一国（地区）的研发投入水平。2000年安徽省的R&D值占GDP的比重只有0.69%，2016年增长至1.97%，虽然安徽省R&D值占GDP的比重不高，但基本呈递增的趋势发展。且R&D值占GDP的比重与宏观层面的相关性最大，相关性达到了0.986，是宏观经济因子中最重要的因素。

（二）直接作用因子

1. 居民消费价格指数

它是度量消费商品及服务项目价格水平随着时间而变动的相对数，反映居民家庭购买的消费品及服务价格水平的变动情况。也是宏观经济分析和决策、价格总水平监测和调控以及国民经济经济核算的重要指标。如果居民消费价格指数越大，那么居民家庭购买的消费品及服务价格水平也就越高，这样一来，可能会使消费者减少对于国内商品的需求，增加对国外商品的需求，从而增加了进口；如果居民消费价格指数越小，那么居民家庭购买的消费品及服务价格水平也就越低，这样一来，消费者便会增加对国内商品的需求，减少对国外商品的需求，从而减少了进口。居民消费价格指数与直接作用因子的相关性较大，相关性为0.858，是直接作用因子里最重要的因素。

2. 外贸依存度

对外贸易依存度反映了对外贸易对GDP的贡献程度，其值可以体现一国开放水平的高低。对外贸易依存度越高说明一国（地区）的开放水平越高，对外贸易规模也就越大。安徽省对外贸易依存度可以分为两个阶段来说明，第一阶段是2000—2008年，安徽省的对外贸易依存度整体是上升的，由2001年的9.23%上升到2008年的16.04%，反映出安徽对外贸易发展水平有了一定的提高，规模也在不断扩大；第二阶段是2008—2016年，尽管这几年安徽省的对外贸易依存度有起伏变化，但整体呈下降趋势，由2008年的16.04%下降到2016年的12.48%。原因在于受到了2008年金融危机的冲击，国际经济形势恶化。尽管2009年到2014年有所提升，但2015年之后又开始出现下降的趋势，这也体现出了虽然2008年的金融危机已经结束，但是隐患依然存在，这也会在一定程度上影响对外贸易的发展。本节对外贸易依存度与直接作用因子的相关性很大，相关性为0.855，是直接作用因子中次重要的影响因素。

3. 第二产业贡献率

产业贡献率指的是各产业增加值增量与GDP增量之比，第二产业产值在我国GDP总值中占有很大的比重，因此，第二产业在我国GDP增长中有较大的贡献。2000—2016年随着经济的发展以及经济发展战略的转变，安徽省的产业结构也在不断优化。其中，第一产业增加值基本持平，第二、第三产业增加值呈上升趋势。且从安徽省进出口商品分类表中可以看出，安徽省具有竞争优势的进出口商品大都集中在第二产业，所以第二产业贡献率对安徽省外贸发展来说具有不可忽视的作用。第二产业贡献率与直接因子的相关性较小，相关性为0.689。

（三）公因子的得分综合分析

通过以上分析得知，任何一个单独的因子都不能反映对外贸易发展水平的影响，所以在构造综合指标分析时，应当结合几个公因子来综合分析。鉴于此，本书将各个公因子的方差贡献率占累积贡献率的比重作为权数，来计算安徽省对外贸易发展水平，表1-22是2000—2016年安徽省对外贸易发展水平的综合因子得分。

$$F=(69.232\times F_1+18.877\times F_2)/88.109$$

表1-22 2000—2016年安徽省对外贸易发展水平的综合得分因子

年份	F_1	F_2	F
2000	−2.43	−1.29	−2.19
2001	−2.28	−2.10	−2.24
2002	−1.97	−2.13	−2.00
2003	−2.40	−0.23	−1.94
2004	−2.51	0.08	−1.96
2005	−2.10	0.22	−1.60
2006	−1.76	0.66	−1.24
2007	−1.81	2.08	−0.98
2008	−1.25	2.13	−0.53
2009	0.73	−1.22	0.31
2010	0.36	0.99	0.49
2011	0.80	1.59	0.97
2012	2.01	0.56	1.70
2013	2.74	0.36	2.23
2014	3.43	0.06	2.71
2015	4.02	−0.54	3.04
2016	4.41	−1.21	3.21

由表1-22可以看出，安徽省GDP值、汇率、城镇居民可支配收入、实际利用外资额、内河港口码头货物吞吐量、R&D值占GDP的比重、居民消费价格指数、外贸依存度、第二产业贡献率在2008年以前对安徽省对外贸易发展具有负效应，这说明了汇率作为衡量安徽对外贸易发展水平的负向指标，计算出来的实际值比较大，在以上9个指标中所占的比重比较大，汇率的负向效应超过了其他8个指标的正向效应，所以计算出来的结果得出了负值。而2009—2015年安徽省GDP值、汇率、城镇居民可支配收入、实际利用外资额、内河港口码头货物吞吐量、R&D值占GDP的比重、居民消费价格指数、外贸依存度、第二产业贡献率对安徽省对外贸易发展具有正效应。这说明了安徽省GDP值、城镇居民可支配收入、实际利用外资额、内河港口码头货物吞吐量、R&D值占GDP的比重、居民消费价格指数、外贸依

存度、第二产业贡献率这 8 个指标作为衡量安徽对外贸易发展水平的正向指标，计算出来的实际值比较大，在以上 9 个指标中所占的比重比较大，超过了汇率的负向效应，所以计算出来的结果得出了正值。由此可见，汇率作为国际贸易中重要的调节杠杆，其波动性对于一国（地区）对外贸易发展的影响不容小觑。

图 1－5 是根据表 1－22 绘制而成，图中显示 2000—2016 年宏观层面得分基本处于增加的状态，直接作用因子得分在这期间呈现出起伏变化的趋势。由前面的分析可知，在 2008 年以前由于宏观经济因子一直处于负的状态，且宏观经济因子所占的权数很大，直接作用因子也有负的得分且其权数相对较小，所以 2008 年以前计算的综合因子 F 的得分一直是负的，但是得分一直处于递增的状态。这说明了宏观经济因子在这段时期对安徽省的对外贸易发展具有负效应，但负效应在逐渐减弱；2009—2016 年，宏观经济因子和直接作用因子发挥了较为积极的作用，带来了显著的正效应，而且这种正效应呈现出递增的趋势。图 1－5 可以反映出 F 对安徽省对外贸易的效应变化趋势。

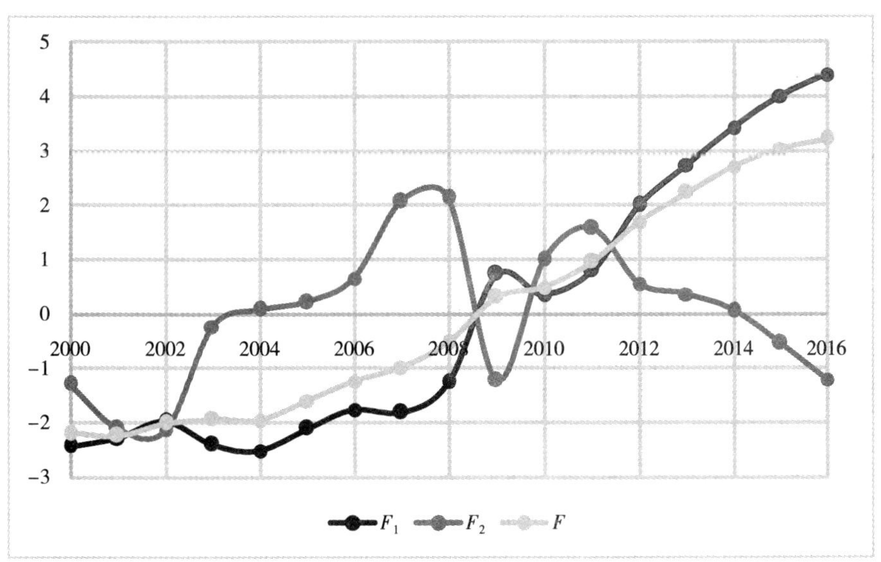

图 1－5　2000—2016 年安徽省对外贸易发展水平公因子及综合因子得分

由以上实证结果可知，从 2000 年到 2016 年，安徽省对外贸易发展的综合得分呈逐步上升的趋势（图 1-5），说明其对外贸易发展水平处于一个不断提高的过程。在 2008 年以前，其综合得分为负值，但总体上仍旧处于上升趋势。在 2008 年以后，这种情况得到改善，且之后一直处于良好的发展状态。

第四节　小结与政策建议

根据前文对安徽省对外贸易影响因素实证分析及在中部六省、东部五省、全国的比较分析，本节得出以下结论：安徽省的对外贸易虽然在中部六省中处于前列，近两年出口商品结构得到进一步优化，但是总体结构仍然不合理，需要进一步调整；外贸增速较快，但是外贸发展水平和质量滞后于东部沿海省份，和全国外贸发展水平与全国平均水平仍然差距甚远，并且近两年对外贸易发展依然面临着严峻的考验，如何摆脱或者缓解“负增长”趋势，在国内经济发展新常态的大背景以及整个世界经济和外贸发展低迷的情况下，找到一条“健康”的外贸发展道路是安徽省发展对外贸易经济及提高对外贸易水平所要考虑的首要问题。基于此，本节提出以下几条建议。

一、提高对外贸易市场多元化程度

从安徽省对外贸易合作伙伴分布可以看出，安徽省对外贸易主要集中于北美、欧盟、亚洲市场，虽然近些年来贸易出口多元化程度有所提高，与“一带一路”沿线国家深化合作，但是进出口贸易特别是出口贸易地理方向仍然过于集中在传统市场，如美国、智利、日本三个国家。在世界贸易发展增速放缓、有些发达的贸易经济体出现负增长，经济发展乏力的大环境下，安徽省也出现全年“负增长”的低迷现象，与非洲贸易降速最为显著，说明安徽省转移外贸风险能力不强，此外当前劳动密集型产品国际市场趋于饱和，容易遭受贸易摩擦，在国际贸易中处于劣势地位，因此应当实施多元化市场如加强与“一带一路”沿线其他国家贸易全方面合作，提高应对、转嫁国际贸易合作和投资风险能力，最大限度地降低对外贸易发展的不确定因素，保持对外贸易稳定增长。

二、完善外资政策，激发对外贸易主体发展活力

众所周知，安徽省外贸发展四强分别为：合肥、芜湖、铜陵、马鞍山，近两年来铜陵、马鞍山实现外贸小幅增长，合肥、铜陵与此相反，皖江城市带实现外贸总体增长，但是安徽外贸排名始终是“徘徊不前”：2012 年，安徽省外贸排名全国第 14 位和中部第 2 位，并连续保持了 3 年。2015、2016 连续两年降至第 15 位。必须看到安徽与江西、湖北的差距正不断缩小，与东部沿海发达省份的差距有所扩大，主要是因为近两年来安徽省引进外商“核心”企业发展后劲不足，应当进一步充分发挥综合保税区招商引资和区域经济辐射带动功能，制定相关贸易优惠政策，可以以合肥综保区为基点，推动外商投资企业和民营企业均衡快速发展，调动外贸发展主体的积极性，充分发挥主动性和创造性，努力摆脱排名“徘徊不前”的现状，促进安徽省外贸发展总体实力的上升。

三、着力供给侧结构改革，优化出口商品结构和产业结构

一方面，从安徽省出口商品结构分析中可以看出，与中部六省相比，安徽省贸易规模处于前列，但是出口商品“质量”不高，大部分还是依靠省内劳动力和资源比较优势，出口资源密集型和劳动密集型产品偏多，高新技术产品出口虽然有小幅度上升，但是增长趋势不明显且在全国的显性比较优势也不明显。在经济全球化与贸易形势恶化的条件下，安徽省要想促进外贸商品“量”的扩大同时也能得到“质”的显著性飞跃，必须要充分发挥国家级园区的先导作用，着力引进产品技术含量高、附加值高、外向开放程度高的世界 500 强企业入驻，摆脱对传统资源和劳动力密集型产品的依赖；另外，近几年来，受到世界经济增长乏力、外需低迷的影响，沿海省份进出口也纷纷下滑，随后广东、江苏等地开始转型升级、积极突破困局。且转型升级的成效已经开始显现，沿海地区之所以转型升级成效显著主要是因为高新

技术产品出口显著。例如今年江苏省便携式电脑和平板电脑分别出口 544.4 亿元和 160.7 亿元，IT 产业和光伏产品出口优势明显；中部省份山西省高新技术产品出口大幅度增长。相比较之下，安徽省今年笔记本电脑出口 136.3 亿元，高新技术产品出口 422.1 亿元，高新技术产业出口与沿海发达省份差距较大，优势并不显著。因此，要推进供给侧结构性改革，依托合肥跨境电商综合试验区，加快培育外贸竞争新优势，积极主动地学习东部沿海省份跨境电商出口经验，通过供给侧改革激发更多的内生动力。

四、提高加工贸易比重，促进贸易结构转型升级

改革开放初期，安徽省加工贸易开始逐步发展起来，从 2000 年开始，安徽省加工贸易额虽然有所增加，但是加工贸易占出口额的比重却有较大程度的下降，近两年占出口额比重仅有二十几个百分点，在全国加工贸易发展水平中处于较低水平，一般贸易占比仍然在 70%以上。因此，安徽省应当抓住东部沿海产业向中西部梯度转移的大好时机，充分利用本省劳动力丰富及交通便利和长三角毗邻的区位优势等综合优势，大力发展境内、境外加工贸易，优化和东部地区产业合作方式，借鉴国际、国内经验，促进安徽省加工贸易产业园区管理方式和运营模式的进一步优化，同时外商投资企业是加工贸易的主体。只有吸引到更多的外资才能促进加工贸易的较快发展，因此应当做好产业转移和招商对接工作，根据市场需求适当地延伸加工贸易产业链，在此过程中，也应当注意加工贸易和一般贸易发展的比例关系，促进二者的均衡发展。

五、加强财税支持力度，提高进口便利化水平

近些年来安徽省在全国出口总额高于进口总额，在全国出口排名也是显著高于进口，虽然近几年贸易顺差收窄，但是长期的贸易顺差对经济发展产生不利的影响。安徽省应当在保持出口稳定增长的同时，转变过去单纯追求出口创汇指标的观念，适当扩大进口规模，优化进口结构和产业结构，逐渐提高对外贸易对经济增长的贡献度，避免

“头重脚轻”现象，使得进、出口以更加合理的比例协调发展，实现对外贸易可持续发展。积极鼓励安徽“二十强”企业，如铜陵有色、马钢集团开展进口铜精矿、铜砂矿等多种贸易业务模式，同时引进国外先进的技术装备，大力扶持民营企业和外商投资企业，进一步加大市场开拓力度，为我省对外贸易进一步稳固发展打下坚实的基础。

第二章　安徽各地市对外贸易发展比较研究

第一节　安徽各地市对外贸易发展现状对比分析

一、安徽各地市进口贸易发展现状

（一）安徽各地市进口贸易规模变动趋势及区域差异

1. 安徽省各地市进口贸易规模变动趋势

由于《安徽统计年鉴》中仅给出安徽各地市进口贸易额数据，未剔除价格变动影响，无法体现安徽各地市进口贸易的真实变迁。本节借鉴国内代表性文献（苏立峰、彭飞，2012；王华、梁峰，2013 等）的处理方法，借助 CPI 指数对其进行可比价平减（以 2010 年为基期）[①]，从而得到安徽省各地市进口贸易实际规模数据。由平减后的结果可以得出：一方面，2011—2016 年安徽省各地市进口贸易在波动中前行，这种波动是由于各地市需求结构的变化（包括生产需求与消费需求结构的调整）及安徽各地市外贸比较优势的转变所致。另一方面，2011—2016 年安徽省各地市进口贸易年均增幅排名前三的城市依次为蚌埠市、六安市和池州市。这从进口视角印证了蚌埠市、六安市和池州市对外开放的成绩及巨大的市场需求与经济增长潜力。

---

① 进口额的平减亦可基于进口价格指数（Import Price Index，IPI）进行，中国 IPI 的数据来源于中国海关总署，鉴于数据可得性及本节研究初衷是为消除价格波动的影响，文中以消费者价格指数（Consumer Price Index，CPI）作为 IPI 指数的替代变量对安徽各地市进口贸易额进行平减。

表 2-1 2011—2016 年安徽省各地市进口贸易增幅一览表 （单位:%）

城市	2011	2012	2013	2014	2015	2016	均值
合肥市	−0.022	−0.126	0.531	0.247	−0.180	−0.102	0.058
淮北市	−0.526	0.320	−0.272	−0.069	0.074	0.357	−0.019
亳州市	0.361	0.472	0.290	−0.066	0.102	0.146	0.217
宿州市	0.501	−0.222	0.449	0.209	0.235	−0.154	0.170
蚌埠市	1.626	0.048	1.008	−0.032	0.487	−0.188	0.492
阜阳市	0.813	0.407	0.219	−0.384	−0.101	−0.246	0.118
淮南市	1.790	−0.308	−0.078	−0.098	−0.492	−0.234	0.097
滁州市	0.155	0.453	0.241	0.435	−0.135	0.051	0.200
六安市	1.328	−0.443	−0.120	−0.004	2.616	−0.689	0.448
马鞍山市	0.351	−0.296	−0.108	−0.241	−0.240	0.235	−0.050
芜湖市	0.188	−0.028	0.169	−0.035	−0.144	0.263	0.069
宣城市	0.266	0.058	−0.185	−0.206	−0.063	0.311	0.030
铜陵市	0.098	−0.129	0.579	−0.171	−0.113	−0.010	0.042
池州市	−0.235	0.311	0.184	−0.019	1.025	0.369	0.273
安庆市	0.393	−0.113	0.293	−0.020	−0.144	0.139	0.091
黄山市	0.150	−0.237	0.338	−0.047	0.065	−0.038	0.038

资料来源：由 2011—2016 年《安徽统计年鉴》及 2016 年安徽各地市统计公报相应数据计算得出。

2. 安徽省各地市进口贸易规模差异性分析

鉴于进口贸易增幅为相对量，且仅局限于自身的比较，无法体现具体年份安徽省对外贸易的分布情况及各地市间进口贸易额的差异，下文通过对安徽省各地市截面数据的分析来进一步衡量。2011—2016 年安徽省进口贸易发展地区差异显著，合肥市、铜陵市、马鞍山市和芜湖市为安徽省进口贸易的主要集中地。2011 年，合肥市、铜陵市、马鞍山市、芜湖市进口贸易额分别为 448917 万美元、361130 万美元、340295 万美元、126074 万美元，占同年全省进口贸易总额的比重依次为 31.49%、25.34%、23.87%和 8.84%，上述四市进口贸易额的累计占比已近 89.54%。2016 年合肥市、铜陵市、芜湖市进口贸易额较

2011年数据相比，均有不同程度攀升（依次增至605200万美元、397000万美元、164200万美元）；而马鞍山市情况恰恰相反，未升反降，由2011年的340295万美元锐减至2016年的167000万美元。2016年上述4市进口贸易额的累计占比近83.92%，与2011年情况相比，略有下降。尽管如此，安徽省进口贸易地区集中与区域差异显著的现状仍可略见一斑。结合安徽各地市进口贸易时间序列数据与截面数据的分析结果，通过绘制面板数据柱状图来更为直观地体现安徽各地市进口贸易的变动趋势，如图2-1所示。

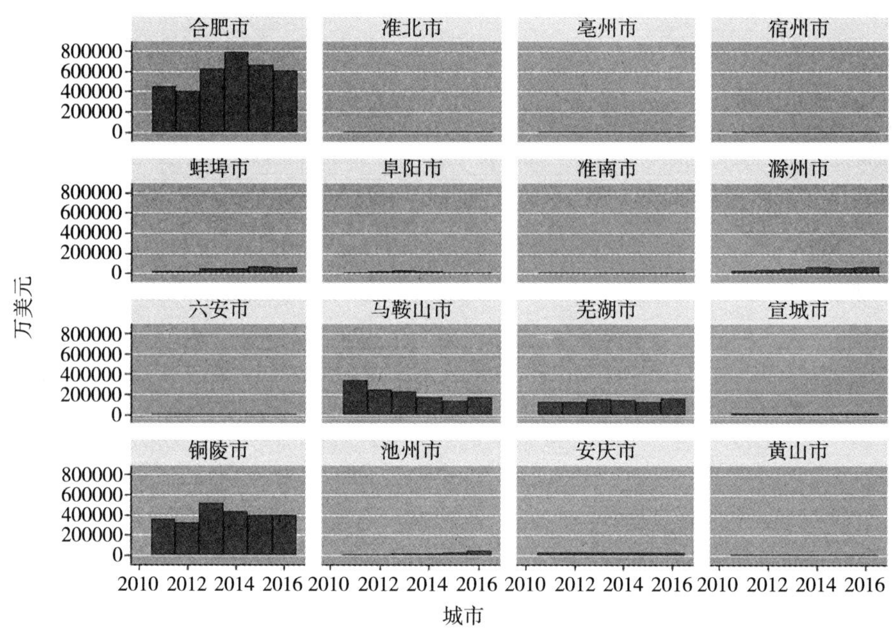

图2-1 2011—2016年安徽省各地市进口贸易额基本情况

（二）安徽省各地市进口商品结构对比分析

鉴于数据可得性，本报告仅选取2016年合肥市、蚌埠市、马鞍山市和宿州市的数据为样本[①]，进行商品结构对比分析。通过对比研究，可以得出：第一，总体而言，合肥市、蚌埠市、马鞍山市、宿州市进

① 由于2017年芜湖市、铜陵市、淮南市、亳州市等城市统计年鉴中未公布细分行业的进出口数据，因此，报告中仅针对合肥市、蚌埠市、马鞍山市和宿州市四个地级市的进出口商品结构展开分析。

口商品结构存在一定的差异，合肥市、马鞍山市、宿州市进口商品种类较为集中，而蚌埠进口商品的分布则相对分散。这主要缘于各地市经济发展水平、产业结构、需求偏好、产品国际竞争力的差异所致。第二，具体来看，合肥市进口以机械设备类产品为主，其进口额为298352万美元，该类商品进口占比已近半壁江山（约为49.39%）。其次是塑料及其制品、橡胶及其制品，其进口额在本市进口总额中所占比重近9.87%。而革、毛皮及制品、箱包，鞋帽伞，羽毛品，人造花和杂项制品进口所占比重均较小，依次为0.05%、0.00%和0.14%。蚌埠市进口商品主要为植物产品，矿产品，食品、饮料、酒及醋、烟，活动物、动物产品，机械设备类产品，其进口金额分别为16493万美元、12193万美元、9055万美元、6558万美元和5524万美元，累计占比为87.33%。马鞍山进口主要集中于矿产品，其进口额高达115979万美元，在本市同期进口总额中所占比重近69.44%。其次是木浆、废纸、纸制品进口，其进口额为27134万美元，占比为16.24%。宿州市进口则侧重于植物产品，该类产品进口额为5576万美元，占比为67.78%。其次是机械设备类产品进口，其进口额为1161万美元，占比为14.11%。而革、毛皮及制品、箱包，鞋帽伞等、羽毛品、人造花，矿物材料制品、陶瓷品进口较少。

表2-2　2016年合肥市、蚌埠市、马鞍山市、宿州市进口商品结构对比分析

（单位：万美元）

	合肥市		蚌埠市		马鞍山市		宿州市	
	进口额	进口占比（%）	进口额	进口占比（%）	进口额	进口占比（%）	进口额	进口占比（%）
活动物，动物产品	14260	2.36	6558	11.50	0	0.00	—	—
植物产品	25541	4.23	16493	28.91	6939	4.15	5576	67.78
动、植物油、脂、蜡	20773	3.44	27	0.05	39	0.02	—	—
食品，饮料、酒及醋；烟	13035	2.16	9055	15.87	45	0.03	220	2.67
矿产品	43998	7.28	12193	21.37	115979	69.44	—	—
化学工业及其相关工业制品	28052	4.64	2159	3.79	1930	1.16	532	6.47

（续表）

	合肥市		蚌埠市		马鞍山市		宿州市	
	进口额	进口占比（%）	进口额	进口占比（%）	进口额	进口占比（%）	进口额	进口占比（%）
塑料及其制品；橡胶及其制品	59593	9.87	887	1.55	247	0.15	—	—
革、毛皮及制品，箱包	301	0.05	534	0.94	1	0.00	0	0.00
木及制品，木炭，软木	11369	1.88	1	0.00	12	0.01	39	0.47
木浆等，废纸，纸、纸板	23505	3.89	206	0.36	27134	16.24	—	—
纺织原料及纺织制品	19080	3.16	1284	2.25	919	0.55	445	5.41
鞋帽伞等，羽毛品，人造花	27	0.00	0	0.00	0	0.00	0	0.00
矿物材料制品，陶瓷品	26740	4.43	1427	2.50	115	0.07	0	0.00
宝石、贱金属、贵金属及其制品	18574	3.07	133	0.23	244	0.15	4	0.05
机械设备类产品①	298352	49.39	5524	9.68	10724	6.42	1161	14.11
杂项制品	872	0.14	111	0.19	1862	1.11	44	0.53

资料来源：由 2017 年相应各市统计年鉴整理得出。

（三）安徽省各地市进口商品贸易方式对比分析

此处选取合肥市、宿州市、马鞍山市、黄山市进口商品贸易方式进行对比研究①。研究得出：合肥市、马鞍山市、黄山市进口商品贸易方式以一般贸易为主，其进口额顺次为 406068 万美元、162604 万美元和 9704 万美元，所占比重依次为 67.10%、97.35%和 93.21%。而宿州市情况有所不同，其进口以两种方式，即一般贸易和其他贸易方式为主导。宿州市其他贸易方式进口额为 4182 万美元，其在同期宿州市进口额中所占比重最大，为 50.83%。其次是一般贸易方式，2016 年宿州市一般贸易方式进口额为 3502 万美元，占比为 42.57%。对于加工贸易而言，合肥市、宿州市、马鞍山市、黄山市加工贸易均以来

① 由于《2017 年合肥市统计年鉴》《2017 年宿州市统计年鉴》《2017 年马鞍山市统计年鉴》同时包含进出口商品贸易方式数据，而《2017 年黄山市统计年鉴》仅公布进口商品贸易方式数据，《2017 年滁州市统计年鉴》中仅涉及出口贸易方式数据，其他城市统计年鉴中未公布相关数据。因此，在对比安徽省各地级市进口商品贸易方式差异时，样本城市包含合肥市、宿州市、马鞍山市和黄山市。而在对比安徽省各地级市出口商品贸易方式差异时，样本城市则改为合肥市、宿州市、马鞍山市和滁州市。

料加工和进料加工为主。其中，合肥市和黄山市的加工贸易方式以进料加工为主导，其进口额依次为 76292 万美元和 678 万美元，进口额占比分别为 12.61%和 6.51%。

表 2-3　2016 年合肥市、宿州市、马鞍山市、黄山市进口商品贸易方式对比分析

（单位：万美元）

		合肥		宿州		马鞍山		黄山	
		进口额	比重（%）	进口额	比重（%）	进口额	比重（%）	进口额	比重（%）
一般贸易		406068	67.10	3502	42.57	162604	97.35	9704	93.21
加工贸易	来料加工	2062	0.34	280	3.40	524	0.31	3	0.03
	进料加工	76292	12.61	263	3.20	523	0.31	678	6.51
其　他		839	0.14	4182	50.83	49	0.03	20	0.19

资料来源：由 2017 年相应各市统计年鉴整理得出。

二、安徽各地市出口贸易发展现状

（一）安徽各地市出口贸易规模变动趋势及区域差异

1. 安徽各地市出口贸易规模变动趋势

类似于进口贸易数据处理，本节借助 CPI 指数对安徽省各地市出口贸易额进行平减，将其转化为可比数据（以 2010 年为基期）。由平减后的结果可以得出：第一，总体来看，2011—2016 年安徽省各地市出口贸易年均增幅排名前三的城市依次为淮南市、宿州市和阜阳市。这反映出得益于物流业、通信业的发展及安徽开放进程推进，作为内陆城市的淮南、宿州和阜阳，其出口商品竞争力有所提升，在国际市场上已占有一席之地。尽管相对自身而言，此类城市出口贸易业已取得可喜成绩，但我们仍需明确，淮南市、宿州市和阜阳市出口贸易体量较小，如何扩大其出口贸易规模，提升淮南市、宿州市和阜阳市出口增长质量是亟待我们思考与解决的问题。第二，具体到各地市，考察期间其出口贸易的变动情况又有所不同。一方面，对于多数城市而言（如合肥市、淮北市、亳州市、宿州市、蚌埠市等），2012 年出口贸易同比增幅最大。另一方面，2016 年安徽省共有 11 个地级市出口贸易同比增幅为负，意味着这些城市出口贸易出现不同程度的回落，这与我国出口贸易下滑的整体趋势相一致。究其原因是由于世界经济复苏乏力，外需市场不稳定，同时安徽省各地级市对外贸易逐步进入稳增长、调结构、提质量的新常态所致。

表2-4 2011—2016年安徽省各地市出口贸易增幅一览表（%）

城市	2011	2012	2013	2014	2015	2016	均值
合肥市	0.269	0.704	−0.147	0.057	0.060	−0.095	0.141
淮北市	0.159	0.756	0.389	0.167	0.037	0.026	0.256
亳州市	0.296	0.487	−0.202	−0.158	0.375	0.004	0.134
宿州市	0.315	1.117	0.267	0.198	0.140	−0.427	0.268
蚌埠市	0.132	0.752	0.213	0.284	0.005	−0.292	0.182
阜阳市	0.698	0.728	0.215	0.284	−0.081	−0.266	0.263
淮南市	0.209	1.615	0.623	−0.136	−0.209	−0.178	0.321
滁州市	0.179	0.287	0.164	0.079	−0.060	0.150	0.133
六安市	0.262	0.198	0.068	−0.160	−0.211	−0.074	0.014
马鞍山市	0.093	0.479	0.128	−0.116	0.289	−0.088	0.131
芜湖市	0.499	0.218	0.139	0.245	0.100	−0.279	0.154
宣城市	0.380	0.375	0.423	−0.108	0.091	−0.227	0.156
铜陵市	0.656	−0.335	0.719	0.355	−0.258	0.023	0.193
池州市	0.592	0.307	0.150	−0.007	−0.211	−0.130	0.117
安庆市	0.125	0.636	0.452	0.283	0.103	−0.348	0.209
黄山市	0.392	0.672	0.093	0.150	−0.363	0.020	0.161

资料来源：由2011—2016年安徽统计年鉴及2016年安徽各地市统计公报相应数据计算得出。

2. 安徽省各地市出口贸易规模差异性分析

由2011—2016年安徽省各地市出口贸易规模对比可得：考察期间，安徽省出口贸易规模区域差异显著。合肥市和芜湖市出口规模较大，淮南市和池州市出口规模相对较小。2011年，合肥市和芜湖市出口贸易额分别为781974万美元和270417万美元，占同期全省出口贸易总额的比重依次为45.77%和15.83%，上述2个地级市出口贸易额的累计占比已超过 61.60%。2016 年合肥市和芜湖市出口贸易额依次增至 1263500 万美元和 406700 万美元，但其出口占比却有所下降，分别降至 40.12%和 12.91%。这从一个侧面反映出安徽省各地级市出口贸易发展不平衡的现状略有缓解。结合安徽各地市出口贸易时间序列数据与截面数据的分析结果，通过绘制面板数据柱状图来更为直观地体现安徽各地市出口贸易的变动趋势，如图 2－2 所示。

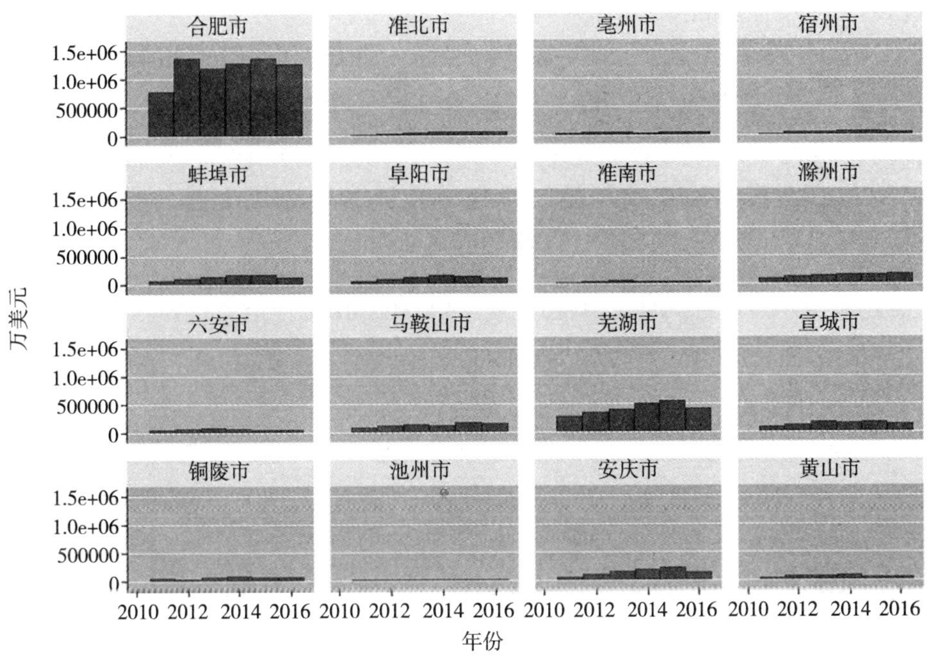

图 2－2　2011—2016 年安徽省各地市出口贸易额基本情况

（二）安徽省各地市出口商品结构对比分析

鉴于数据可得性，本报告仅选取 2016 年合肥市、蚌埠市、马鞍山市和宿州市的数据为样本，进行出口商品结构对比分析。通过对比研究，可以得出：一则，合肥市、蚌埠市、马鞍山市、宿州市出口商品结构差异显著。合肥市出口商品以机械设备类产品为主，其出口额为 823451 万美元，在同期合肥出口总额中所占比重为 65.83%。结合上文分析可以看出，机械设备类产品无论在合肥进口贸易中，抑或在合肥出口贸易中均占据主导地位。其次是纺织原料及纺织制品，其出口额在同期本市出口总额中所占比重近11.86%。化学工业及相关制品类商品出口位列第三，其出口额为60525万美元，出口占比近4.84%。二则，蚌埠市出口商品主要为化学工业及相关制品，机械设备类产品、植物产品、杂项制品、非金属矿制品，其出口额依次为22953万美元、22877万美元、17001万美元和16266万美元。三则，马鞍山市出口主要集中于矿产品，其出口额高达61726万美元，在本市同期出口总额中所占比重近40.81%。其次是杂项制品出口，其出口额为35389万美元，占比为23.40%。四则，宿州市出口则侧重于纺织原料及纺织制品，该类产品出口额为10003万美元，占比为25.82%。其次是杂项制品出口，其出口额为6381万美元，占比为16.47%。而革、毛皮及制品、箱包，鞋帽伞等、羽毛品、人造花，非金属矿制品、金属矿制品出口额均较小。

表2-5 2016年合肥、蚌埠、马鞍山、宿州出口商品结构对比分析 （单位：万美元）

	合肥市		蚌埠市		马鞍山市		宿州市	
	出口额	出口占比（%）	出口额	出口占比（%）	出口额	出口占比（%）	出口额	出口占比（%）
活动物，动物产品	5380	0.43	7	0.01	0	0.00	NA	NA
植物产品	11234	0.90	17001	14.29	113	0.07	5380	13.89
动、植物油、脂、蜡	209	0.02	7	0.01	0	0.00	NA	NA
食品，饮料、烟酒及醋	16674	1.33	626	0.53	429	0.28	3673	9.48
矿产品	344	0.03	354	0.30	61726	40.81	NA	NA
化学工业及相关制品	60525	4.84	22953	19.29	8166	5.40	1324	3.42
塑料橡胶及其制品	45271	3.62	11341	9.53	919	0.61	NA	NA
革、毛皮及制品；箱包	22934	1.83	3104	2.61	42	0.03	68	0.18
木及制品，木炭；软木	6520	0.52	540	0.45	178	0.12	4841	12.49
木浆等，废纸；纸制品	18348	1.47	3220	2.71	2349	1.55	NA	NA
纺织原料及纺织制品	148302	11.86	9916	8.34	5270	3.48	10003	25.82
鞋帽伞等，羽毛品，人造花	18580	1.49	4954	4.16	1247	0.82	37	0.10
非金属矿制品	7891	0.63	12462	10.48	4628	3.06	205	0.53
金属矿制品	27197	2.17	9601	8.07	10130	6.70	130	0.34
机械设备类产品	823451	65.83	22877	19.23	15282	10.10	4787	12.36
杂项制品	37865	3.03	16266	13.67	35389	23.40	6381	16.47

资料来源：由2017年相应各市统计年鉴整理得出。

（三）安徽省各地市出口商品贸易方式对比分析

此处选取合肥市、宿州市、马鞍山市、滁州市出口商品贸易方式进行对比研究。研究得出：（1）合肥市、宿州市、马鞍山市、滁州市出口商品贸易方式均以一般贸易为主，在合肥一般贸易出口金额显著高于其他三个城市的同时，合肥市一般贸易出口额在同期本市出口总额中所占比重却显著低于其他三个城市水平。具体来看，合肥市、宿州市、马鞍山市、滁州市一般贸易方式出口额依次为 736510 万美元、34825 万美元、146976 万美元和 143132 万美元，所占比重依次为 58.29%、89.88%、97.16%和 84.79%。（2）对于加工贸易而言，合肥市、宿州市和滁州市加工贸易方式以进料加工为主导，其出口额依次为 487268 万美元、2875 万美元和 24570 万美元，出口占比分别为 38.56%、7.42%和 14.56%。而马鞍山市来料加工和进料加工几近平分秋色，出口占比较小。

表 2-6　2016 年合肥市、蚌埠市、马鞍山市、宿州市出口贸易方式对比分析

		合肥		宿州		马鞍山		滁州市	
		金额（万美元）	比重（%）	金额（万美元）	比重（%）	金额（万美元）	比重（%）	金额（万美元）	比重（%）
一般贸易		736510	58.29	34825	89.88	146976	97.16	143132	84.79
加工贸易	来料加工	1202	0.10	897	2.32	1119	0.74	1077	0.64
	进料加工	487268	38.56	2875	7.42	1292	0.85	24570	14.56
其　他		5214	0.41	147	0.38	6	0.00	25	0.02

资料来源：由 2017 年相应各市统计年鉴整理得出。

三、安徽各地市对外贸易依存度比较

对外贸易依存度的测算方法主要包括：传统的测算方法及基于增加值视角的测度方法[①]。前者为国内学者广为采用，由地区对外贸易额除以该地区 GDP 计算得到。后者是由进口与出口增加值之和除以国内生产总值得出。由于此处着眼于安徽省各地市对外贸易依存度的测算与对比，而地级市层面的投入产出数据无法获取，本报告沿用国家对

① 汪彩玲．地区外贸依存度的内涵及测算方法探讨［J］．统计与决策，2017（3）：17－［］20.

外贸易依存度的测算方法来测度安徽省各地市对外贸易依存度。测算结果显示：第一，就进口贸易依存度而言，铜陵市、马鞍山市和合肥市进口贸易依存度较高，而六安市、淮北市和亳州市进口贸易依存度相对较低。这意味着铜陵市、马鞍山市和合肥市生产和消费需求旺盛，当地经济发展对国外产品（包括中间投入品和最终产品）和服务的依赖程度较高。第二，就出口贸易依存度而言，合肥市、芜湖市和宣城市出口贸易依存度较高，淮南市、宿州市和池州市出口贸易依存度相对较低。由此显示合肥市、芜湖市和宣城市出口对经济增长的驱动性较强。与之形成鲜明对比，淮南市、宿州市和池州市出口对经济增长的贡献相对较小。第三，就对外贸易依存度而言，铜陵市、合肥市和马鞍山市对外贸易依存度较高，淮南市、宿州市和亳州市对外贸易依存度较低。这反映出铜陵市、合肥市和马鞍山市开放发展程度较高，经济增长对国际市场依赖性较强。而淮南市、宿州市和亳州市经济开放程度相对较低，城市经济对国际市场依赖性较弱。

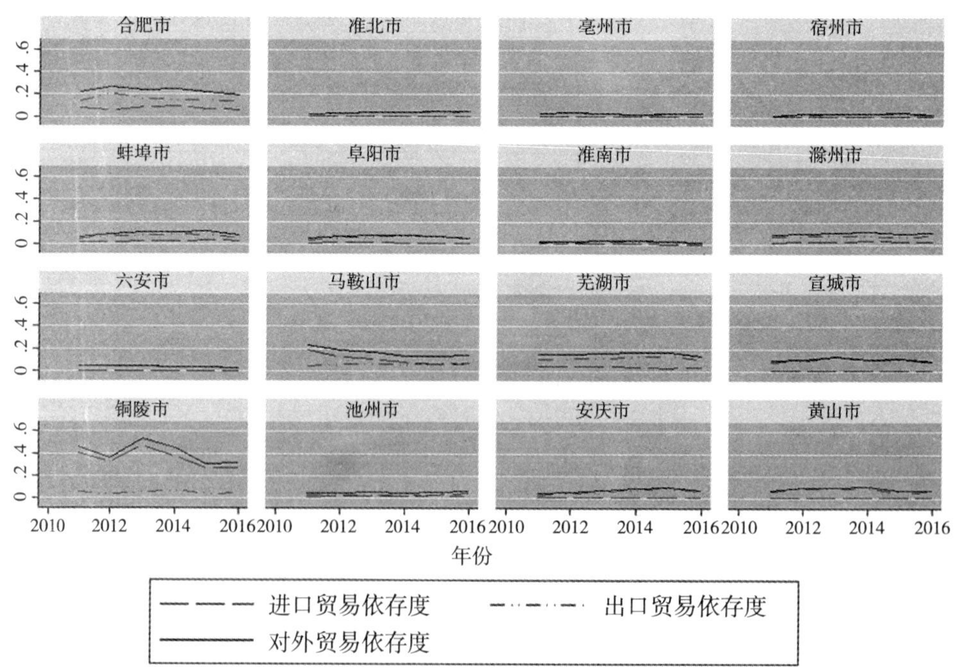

图 2-3　2011—2016 年安徽省各地市对外贸易依存度变动趋势

四、安徽各地市外贸竞争力对比分析

外贸竞争力的测度方法较多，本报告主要基于贸易专业化指数，借助可采集到的数据来测算并对比合肥市、蚌埠市、马鞍山市和宿州市16大类商品的国际竞争力。测算结果显示：第一，合肥市、蚌埠市、马鞍山市和宿州市并未陷入比较优势陷阱，传统优势产业的转型升级顺利推进。具体来看，合肥市、蚌埠市、马鞍山市和宿州市不仅在劳动密集型行业（如革、毛皮及制品；箱包，纺织原料及纺织制品，鞋帽伞等；羽毛品；人造花），并且在资本密集型行业（如在化学工业及其相关工业制品，金属矿制品）和技术密集型行业（如机械设备类产品）竞争优势显著[①]。第二，合肥市、蚌埠市、马鞍山市和宿州市在动、植物油、脂、蜡及矿产品上，竞争力较弱。这主要缘于各产业比较优势变动、我国需求结构调整及人民币汇率波动导致。第三，合肥市、蚌埠市、马鞍山市和宿州市在植物产品，食品、饮料、烟酒及醋，塑料及其制品，橡胶及其制品等行业，竞争力差异明显。以木炭、软木及木制品行业为例，合肥市该行业的竞争力较弱，而蚌埠市、马鞍山和宿州市该行业的竞争力则相对较强。

表2-7　2016年合肥市、蚌埠市、马鞍山市、宿州市出口贸易方式对比分析

出口	合肥市	蚌埠市	马鞍山市	宿州市
活动物，动物产品	−0.45	−1.00	0.00	NA
植物产品	−0.39	0.02	−0.97	−0.02
动、植物油、脂、蜡	−0.98	−0.58	−1.00	NA
食品，饮料、酒及醋，烟	0.12	−0.87	0.81	0.89
矿产品	−0.98	−0.94	−0.31	NA
化学工业及其相关工业制品	0.37	0.83	0.62	0.43
塑料及其制品，橡胶及其制品	−0.14	0.85	0.58	NA

① 此处劳动密集型行业、资本密集型行业与技术密集型行业的判定，主要参照鲁桐，党印（2014）“公司治理与技术创新：分行业比较”一文中按要素密集度的行业分类结果。

（续表）

出口	合肥市	蚌埠市	马鞍山市	宿州市
革、毛皮及制品，箱包	0.97	0.71	0.95	1.00
木炭、软木及木制品	−0.27	1.00	0.87	0.98
废纸、纸、纸板等	−0.12	0.88	−0.84	NA
纺织原料及纺织制品	0.77	0.77	0.70	0.91
鞋帽伞等，羽毛品，人造花	1.00	1.00	1.00	1.00
非金属矿制品	−0.54	0.79	0.95	1.00
金属矿制品	0.19	0.97	0.95	0.94
机械设备类产品	0.47	0.61	0.18	0.61
杂项制品	0.95	0.99	0.90	0.99

资料来源：由 2017 年合肥市、蚌埠市、马鞍山市、宿州市统计年鉴中相关数据计算得出。

第二节　安徽各地市对外贸易影响因素的实证检验

一、模型设定与数据说明

城市作为开放经济条件下一国对外贸易空间网络体系的分布节点（孙楚仁、陈思思等，2015）①，在国际贸易中的重要性日益凸显。一方面，城市竞争力的提升离不开城市的开放发展；另一方面，城市开放发展水平与对外竞争能力直观地体现在该城市的对外贸易规模与结构的差异上。通过对现有研究文献的梳理，不难得出：国家层面对外贸易影响因素分析多采用扩展的引力模型，通常将国家经济规模、两国间距离、引进外资和汇率波动等因素引入分析框架，而城市层面对外贸易影响因素的分析较少涉及。本报告在借鉴国际贸易理论、区域输

① 孙楚仁，陈思思，张楠．集聚经济与城市出口增长的二元边际［J］．国际贸易问题，2015（10）：59－72.

出基础理论和经济地理相关研究文献的基础上，尝试以 2000—2016 年安徽省 16 个地级市数据为样本，通过构建面板数据模型来实证检验安徽对外贸易的影响因素所在。

（一）变量选取

城市对外贸易发展受制因素较多，既有国家层面的影响因素，如国家经济发展水平、国家宏观经济政策、国家制定因素等，又涉及城市特定影响因素，如：城市经济发展水平、城市产业结构、城市资源禀赋、城市基础设施建设、城市区位因素等。缘于本报告研究初衷是为探寻安徽省区域对外贸易差异的根源所在及如何进一步推进安徽省各地市开放发展水平，促进安徽区域协同发展。因此，书中对外贸易发展影响因素模型主要涵盖城市层面特定影响因素。回归模型中具体变量设置如下：

1. 解释变量

（1）地区生产总值。一般情况下，经济发展水平愈高的地区，其消费需求愈旺盛。考虑消费者通常情况下更偏好多样化的消费组合，因此由消费引致的进口需求往往会有所增加。再者，经济发展水平高的地区，易吸引各种优势资源积聚于此，其比较优势更为明显，出口能力往往较强。因此，本报告选取安徽 16 个地级市人均地区生产总值（GDP）作为衡量地区经济发展水平的替代变量，其单位为万元。

（2）引进外资总额。外资与外贸的关系一直是国际贸易领域探讨的热点之一，由于样本选取差异，所得结论不一。而对于我省而言，不可否认外资通过技术转移与技术外溢、提升资本劳动比、管理理念创新、优化资源配置等途径，促进了安徽省外贸竞争力的提升。本报告选取安徽 16 个地级市当年实际使用外资金额（FDI）来反映地区引进外资水平，其单位为万美元。

（3）城市基础设施。贸易的繁荣既得益于物流业的发展，又与城市的区位竞争力息息相关。鉴于货运总量一方面能够体现城市物流业整体作业水平及物流业为国民经济服务的情况，另一方面可以反映城市的区位交通优势与基础设施状况。同时考虑城市邮政通信业是现代服务业的重要组成部分，是国际贸易发展的重要支撑。本报告选取城市货运总量（TFV）、城市电信业务总量（TBV）、城市国际互联网国际用户数量（NIU）三个指标较为全面地衡量城市交通运输基础设施建设水平，其单位依次为万吨、万元和户。

（4）区域经济市场化程度。一般而言，地区经济市场化程度越高，越接近于开放经济，越有利于对外贸易的发展。反之，若地区经济市场化程度较低，市场不完全和资源配置的扭曲会导致要素及商品的相对价格改变，从而影响进出口商品的比较优势与对外贸易格局。鉴于市场化程度的衡量指标众多，而各级政府是关税政策及财政政策制定的主体，本报告仅着眼于政府与市场关系视角来测度地区经济的市场化程度（DOM），即以各城市政府支出占 GDP 比重来衡量样本城市的市场化程度。

（5）产业结构。产业结构是决定贸易结构的重要因素，通常情况下，区域经济开放发展水平越高，该地区产业结构对贸易结构的影响越为显著，即工业化水平较高的国家，其工业制成品竞争力往往较强，在对外贸易商品结构中，工业制成品出口所占比重通常较大。本报告以第二产业增加值占年 GDP 的比重（ROI）来反映城市产业结构情况与城市工业化水平。

（6）教育水平。无论是古典贸易理论，还是新新贸易理论，劳动生产率均被视作影响国际贸易的重要因素，而劳动生产率差异的根源在于人力资本存量水平等的差异。本报告以各地级市高等教育在校生人数来反映样本地区的教育发展程度（DOE），即该城市的人力资本水平①。

2. 被解释变量

由于该部分研究主要通过面板数据回归分析来实证检验安徽 16 个地级市出口贸易的影响因素。因此，模型选取安徽省各地级市的出口贸易额（EXP）为被解释变量，其单位为万美元。

计量模型变量描述见表 2－8 所列。

---

① 魏浩，王宸．中国对外贸易空间积聚效应及其影响因素分析［J］．数量经济技术经济研究，2011（11）：66－82.

表 2-8　计量模型变量描述

变量名称	变量名称	变量定义	变量单位
被解释变量	LOGEXP	城市出口贸易额的对数	万美元
解释变量	LOGGDP	城市人均生产总值的对数	万元
	LOGFDI	城市引进外资额的对数	万美元
	LOGTFV	城市货运总量的对数	万吨
	LOGTBV	城市电信业务总量的对数	万元
	LOGNIU	城市国际互联网国际用户数量	户
	DOM	城市政府支出占 GDP 比重	无单位
	ROI	城市第二产业增加值占年 GDP 的比重	无单位
	LOGDOE	城市高等教育在校生人数的对数	人

（二）相关指标及数据说明

本报告选取 2000—2016 年安徽省 16 个地级市[①]的出口贸易额、地区生产总值、引进外资总额、货运总量、区域经济市场化程度、产业结构、教育水平的年度数据为样本，通过面板数据回归分析来实证检验安徽 16 个地级市出口贸易的主要影响因素所在。模型中所有变量数据来自 2001—2017 年《安徽统计年鉴》和《中国城市统计年鉴》。

（三）计量前的预检验

1. 面板单位根检验

面板模型进行回归分析之前进行单位根检验，这是避免出现伪回归的前提条件。面板单位根检验方法有别于时间序列数据单位根检验，主要为：LLC 检验、Hadri 检验、Breitung 检验是相同根的检验方法，

① 注释：由于 2011 年 8 月 22 日安徽省正式宣布撤销巢湖市，并对原地级巢湖市所辖的一区四县行政区划进行相应调整，分别划归合肥、芜湖、马鞍山三市管辖。因此，模型中仅涵盖合肥市、淮北市、亳州市、宿州市、蚌埠市、阜阳市、淮南市、滁州市、六安市、马鞍山市、芜湖市、宣城市、铜陵市、池州市、安庆市和黄山市 16 个地级市数据。

IPS 检验、PP－Fisher、Fisher－ADF 检验是不同根的检验方法；LLC 检验、Breitung 检验、IPS 检验、Fisher－ADF 检验原假设是含有单位根；Hadri 检验原假设为不含有单位根。本节采用 LLC 检验，面板数据的单位根检验结果见表 2－9 所列。

表 2－9　面板数据的单位根检验结果

检验方法	LNEXP	LNGDP	LNFDI	TFV	TBV
LLC 检验	－5.3240 (0.000)***	－5.5732 (0.0000)***	－6.7748 (0.0000)***	1.2325 (0.8911)	－3.0475 (0.0012)***
检验方法	NIU	DOM	ROI	DOE	
LLC 检验	－1.1089 (0.1337)	－0.1335 (0.4548)	－2.5582 (0.0053)***	－10.8010 (0.0000)***	

注：(1) 数据来源：由 2001—2017 年《安徽统计年鉴》和《中国城市统计年鉴》整理得出相关数据，运用 Stata13.0 软件计算得到。

(2) ***、**、*分别表示系数的 t 统计量在 1%、5%、10%的水平上显著。

结果表明，一阶差分情况下，出口贸易额、地区生产总值、引进外资总额、城市电信业务总量、第二产业增加值占年 GDP 的比重、地区的教育发展程度 6 变量拒绝存在共同单位根的原假设，可以对其直接进行回归分析，而不存在伪回归现象。而城市货运总量、城市国际互联网国际用户数量、地区经济的市场化程度 3 变量接受存在共同单位根的原假设，无法对其直接进行回归分析。因此，为了避免伪回归发生，本报告仅将出口贸易额、地区生产总值、引进外资总额、城市电信业务总量、第二产业增加值占年 GDP 的比重、地区的教育发展程度 6 变量引入模型。

2. 面板数据的估计方法的选取

面板数据的估计方法主要包括聚合最小二乘回归模型（pool OLS）、固定效应模型（fixed effect）和随机效应（random effect）。文中借鉴 Hausman 检验来确定面板数据估计方法的选择。Hausman 检验的 P 值显示接受原假设，因此，我们可以判定此处选取随机效应模型最有效率。

表 2-10 多变量面板数据的回归结果

解释变量	OLS 回归		稳健回归		
	模型 1 (RE)	模型 2 (RE)	模型 1 (RE)	模型 2 (RE)	模型 3 (RE)
CONS	−2.4261*** (−6.03)	−2.4230*** (−6.03)	−2.4261*** (−2.95)	−2.4230*** (−2.91)	−2.2034*** (−2.60)
LOGGDP	0.5107*** (5.40)	0.5107*** (5.36)	0.5107*** (2.94)	0.5107*** (2.89)	0.5235*** (2.96)
LOGFDI	0.1709*** (3.91)	0.1793*** (4.16)	0.1709** (2.32)	0.1793** (2.29)	0.1950** (2.39)
LOGTBV	0.1109** (2.10)	0.1188** (2.27)	0.1109 (1.56)	0.1188* (1.88)	
ROI	0.0025 (0.97)		0.0025 (0.59)		
LOGDOE	0.2192*** (3.16)	0.2264*** (3.29)	0.2192*** (2.48)	0.2264*** (2.51)	0.2590*** (2.76)
Adj-R2	0.8882	0.8881	0.8882	0.8881	0.8858
Wald chi2 检验值	1996.36	1985.84	467.62	410.87	376.64
P 值	0.0000	0.0000	0.0000	0.0000	0.0000
Hausman 检验卡方统计值	8.64	9.98			
Hausman 检验 P 值	0.2793	0.1255			
样本量	272	272	272	272	272

注：(1) ***、**、*分别表示系数的 t 统计量在 1%、5%、10%的水平上显著。

(2) 括号内的为 Z 值。

二、检验结果分析

由面板数据 OLS 回归及稳健回归分析的结果对比，我们可以得出以下主要结论：

第一，各城市人均生产总值、各城市引进外资水平和各城市教育发展程度这三个解释变量在两种回归中都通过 1%的显著性水平检验，并且其符号均为正。这在一定程度上印证了城市人均生产总值、城市引进外资水平和城市教育发展程度的提升有利于该地区出口贸易的发展。同时，借助其回归系数可以得出：其一，相对于各城市引进外资水平和各城市教育发展程度而言，各城市人均生产总值提升对该地区出口贸易表现出更强的驱动性。即城市人均生产总值每提升 1%将引致该城市出口贸易增加 0.5107%。其二，就各城市引进外资水平和各城市教育发展程度而言，城市引进外资水平对该市出口贸易的弹性要略大一些。城市引进外资水平每变动 1%，该城市出口贸易额将变化 0.1709%。

第二，城市产业结构这一解释变量在两种回归中均不显著。这反映出城市第二产业增加值占年 GDP 比重的提升未必带来该地区出口能力的增强。究其原因，一方面出口商品结构并未与产业结构实现同步调整优化，产业结构调整未带来出口产品国际竞争力的显著增强，从而导致两者关联不显著。另一方面，相对于服务业而言，安徽省工业竞争力通常较强，安徽省工业品出口长期处于顺差状态，这会增大安徽工业品贸易争端发生的概率。同时，后金融危机时期，全球经济复苏乏力，发达国家贸易保护主义有所抬头，从而出现安徽省各市工业产能增加与国际市场需求疲弱并存的现状，在国内需求并未显著提升的情形下，这极易引发各地级市工业产能过剩。

第三，城市货运总量这一解释变量在两种回归中显著性略有差异。在面板数据 OLS 回归中，该解释变量通过 5%的显著性水平检验。而在面板数据稳健回归中，该解释变量仅在 10%的水平上显著，即未通过 5%的显著性水平检验。若以 5%显著性水平作为评定标准，面板数据 OLS 回归显示，城市货运总量与城市出口能力显著正相关，而面板数据稳健回归则显示，两者关联不显著。由于稳健回归可以有效监测异常点，剔除异常点对模型回归的影响，相对于 OLS 回归结果而言，稳健回归结果公信力更强。而稳健回归的结果显示，城市货运量与城市出口能力关联不显著。这并不难理解，因为国际贸易既与城市交通基础设施建设情况息息相关，又受制于地理区位的影响。安徽地处中部地区，所选样本均为内陆城市，城市基础建设的优势将为其地理区位劣势相抵消，从而导致两者关联不显著。

第三节　小结与政策建议

根据前文安徽省各地市对外贸易发展现状对比及 2000—2016 年安徽省 16 个地级市对外贸易影响因素的面板数据实证检验，本章得出以下主要结论与启示：安徽省对外贸易区域集中趋势较强，且各地级市间对外贸易发展水平差异显著。安徽各地市进口商品结构有所不同，技术密集型产品在合肥进、出口贸易中均占据主导地位；蚌埠市进口商品主要为劳动密集产品和技术密集型产品，出口商品主要为资本密集型产品和技术密集型产品；马鞍山进、出口贸易主要以矿产品等劳动密集型产品为主；宿州市进、出口均侧重于劳动密集型产品，进口以植物产品为主，出口以纺织原料及纺织制品为主。合肥市、宿州市、马鞍山市、滁州市出口商品贸易方式均以一般贸易为主，就加工贸易而言，合肥市、宿州市和滁州市加工贸易方式又以进料加工为主导，而马鞍山市来料加工和进料加工几近平分秋色。铜陵市、合肥市和马鞍山市对外贸易依存度较高，淮南市、宿州市和亳州市对外贸易依存度相对较低。各城市人均生产总值、各城市引进外资水平和各城市教育发展程度提升有利于该地区出口贸易的发展，且相对其他两个解释变量，各城市人均生产总值的提升对该地区出口贸易表现出更强的驱动性。城市产业结构、城市货运量与该地区出口贸易的发展关联不显著。

基于前文分析，为了在世界经济复苏乏力、贸易保护主义抬头（如美国依据《1974 年贸易法》对中国重启“301 调查”）的背景下，增强安徽省各地级市对外贸易竞争力，进一步推进安徽省各地级市的开放发展，本章提出以下政策建议供参考。

一、推进安徽各地级市的开放发展

改革开放以来，安徽各地级市经济发展均已取得了可喜成绩，但与东部沿海发达城市相比差距依然巨大，究其原因在于安徽地处内陆地区，区位劣势所限。伴随我国更加积极主动的开放战略实施，多层次的开放格局的形成及自贸区建设的有序推进，中西部地区开放型经济发展水平势必得以提升，承接外资产业转移的力度有望进一步增强。因此，为了促进安徽各地级市对外贸易发展水平再上新台阶，践行开放发展新理念，打造内陆开放新平台势在必行。安徽各城市应顺应时代所需，借鉴中西部城市，如河南省郑州市、湖北省武汉市、重庆市、四川成都市等省市“边申报筹备，边先行先试”的经验，以自贸区申创为抓手提升安徽各地级市开放发展水平。

二、优化各地级市对外贸易商品结构

虽然安徽省各地级市进出口商品低层次、同质化、过度依赖加工贸易的现状有所改观，但部分地级市对外贸易商品结构仍不尽合理，劳动密集型产品和资源密集型产品的出口依旧占据主导地位。安徽省多数地级市在国际全球价值链分工中仍被锁定于增值能力较弱的低端链节，难以突破。在要素成本逐步攀升引发比较优势变动的情形下，安徽省各地级市在劳动密集型产品和资源密集型产品上的竞争优势将难以为继。并且传统加工贸易通常增值能力较弱，对地方经济增长的贡献不足，还会加剧区域经济发展与资源环境的冲突。因此，安徽各地级市应积极推进传统加工贸易的转型升级，在承接国际产业转移过程中，不断实现制造业全球价值链攀升与自身产业结构与商品结构的优化调整。

三、强化引进外资与对外贸易的协同效应

尽管外资与外贸的关系众说纷纭，但就2000年以来安徽省各地级市两者的关系来看，外资引进的确在一定程度上促进了安徽省各地级市对外贸易的发展。安徽省各地级市应在强调引资数量的同时，将引资、引技与引智相结合，形成高端制造业与现代服务业“双轮驱动”的引资格局，提升现代服务业对高端制造业的支撑，通过服务业与高端制造业的融合催生外贸新业态，不断提升安徽各地级市制造业的核

心竞争力与生产效率，助力各地市制造业挺进中高端。在不断巩固强化各地市外贸传统优势的基础上，加快培育外贸竞争新优势，从而在纷繁复杂的国际环境中，实现我省各地级市对外贸易持续健康发展。

四、提升各地市教育对外贸易的支撑能力

教育发展事关安徽省各地级市劳动者的素质与人力资本水平提升，而人力资本存量差异是引发企业异质性与国际贸易产生的根源之一。2000 年以来，安徽各城市教育发展水平提升在一定程度上促进了各地级市对外贸易的发展。安徽省各地级市应进一步强化教育对外贸的人才支撑，一方面安徽省各城市应积极融入“一带一路”发展战略，培养“一带一路”建设所急需的语言人才与贸易专业化人才，促进安徽各地市外向型经济发展。另一方面，可仿效《推进共建“一带一路”教育行动》的做法，通过加强与各贸易伙伴国的教育交流，丰富国际教育合作新内涵，促进文化互融，使之成为维系与强化两国经贸合作的重要纽带。

第三章 安徽对外直接投资研究

——基于中部六省的比较

第一节 安徽对外直接投资总体分析

一、安徽对外直接投资存量分析

自国家实施“走出去”战略以来，安徽省企业对外投资合作步伐不断加快，对外投资合作迈上了新台阶，对加快安徽省开放型经济建设起到了积极的促进作用。截至 2016 年底，安徽省累计在境外设立企业（机构）721 家，协议对外投资额 143.6 亿美元，实际对外投资累计 54.1 亿美元。拥有对外承包工程资格企业 115 家（2017 年 3 月，国务院取消工程企业备案资格），承包工程累计合同额 231.1 亿美元，完成营业额 235.5 亿美元。

2016 年，全球经济增长率较 2015 年有所下降，发达经济体经济增速明显回落，新兴市场与发展中经济体增速止跌回升。国际贸易依然低迷，英国脱欧等不确定因素引发国际金融市场一度出现较大幅度的震荡。全球外国直接投资继 2015 年强劲上扬之后，在 2016 年失去了增长动力。2016 年，安徽省非金融对外直接投资累计净额（以下简称存量）为 581850 万美元，同比下降幅度为 7.15%。在全国存量总额中占比 0.49%，排列第 20 名，较 2015 年下降了 7 名。从 2016 年之前的十二年来看，安徽省非金融对外直接投资存量总体呈现不断增长的趋势，发展态势向好。其中，2009 年之前，安徽省对外直接投资一直处于平稳增段；2009 年之后，世界经济发展有所好转，发达国家金融体系逐渐恢复，新兴经济体经济回升，国际贸易和跨国投资开始活

跃，安徽省对外直接投资开始进入快速增长阶段。

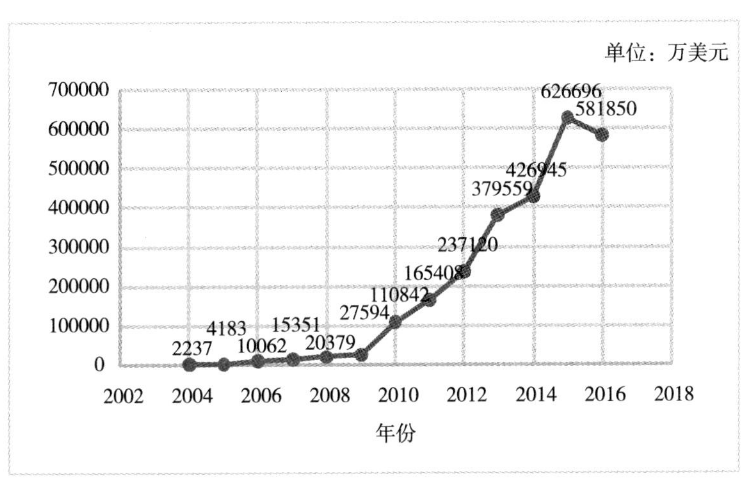

图 3 - 1　2004—2016 年安徽省非金融类对外直接投资存量情况

由图 3 - 2 可以看出，安徽省对外直接投资一直是构成中部地区对外直接投资的重要部分，2004—2008 年占比普遍在百分之十五左右；2009 年降幅较大，占比下降至百分之七点五；2011—2015 年占比均超过百分之二十；2016 年略有下降，占中部六省存量总额的 16.3%。

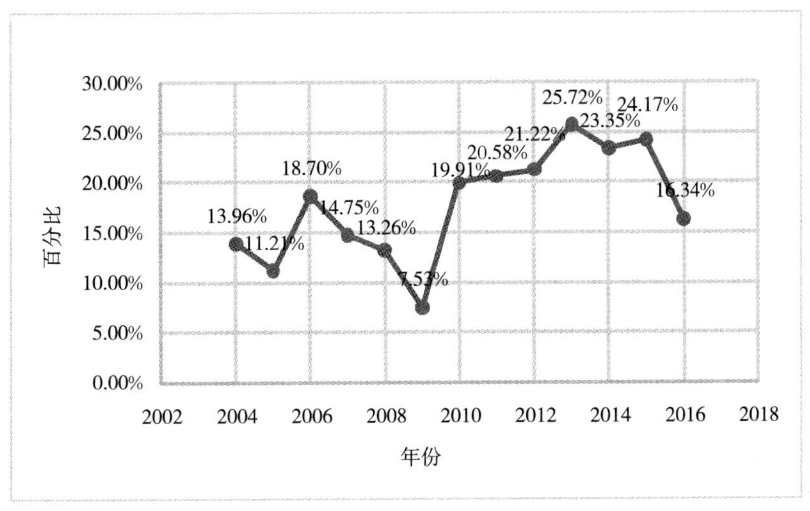

图 3 - 2　2004—2016 年安徽省非金融类对外直接投资存量在中部六省中占比情况

由图 3-3 可知，2016 年，安徽省非金融类对外投资存量在中部六省中排名第三，较 2015 年下降一名。相比而言，湖南省排名第一，非金融类对外直接对外投资存量达到 1017435 万美元；河南省排名靠前，而江西省、山西省排名相对靠后。

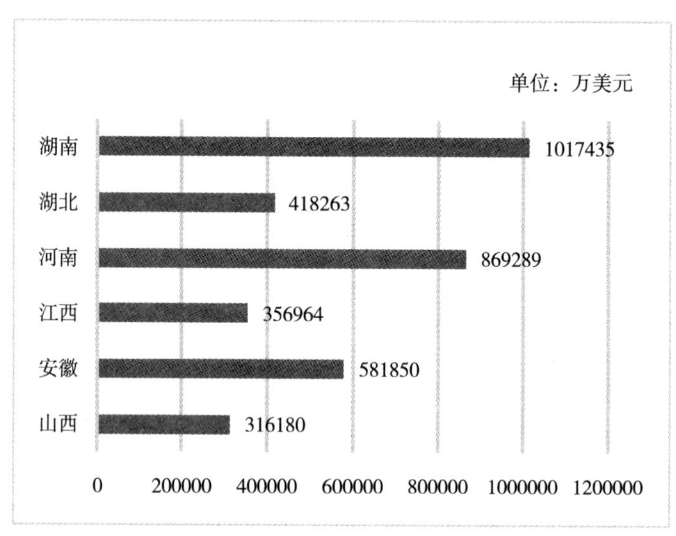

图 3-3　2016 年中部六省非金融类对外直接投资存量对比

从图 3-4 可以看出，整个中部地区非金融对外直接投资存量持续增长，且增速不断加快，其中安徽省、湖南省以及河南省增长均较为明显，河南省近三年增速可观，湖北省增长较为平稳，江西省、山西省总体也呈现增长趋势、相对略显不足。

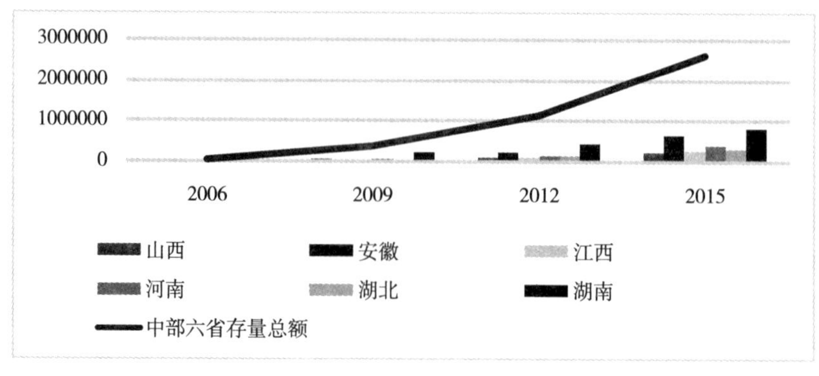

图 3-4　2005—2016 部分年份中部六省非金融类对外直接投资存量（万美元）

二、安徽对外直接投资流量分析

2016 年安徽省对外直接投资合作实现历史性突破，全年对外直接投资净额达到 12.4 亿美元，同比增长 28%。全年对外承包工程新签合同金额 30.8 亿美元，比上年增长 0.2%；完成营业额 30.9 亿美元，增长 14.9%。当年外派劳务人员 10044 人，下降 4.3%。

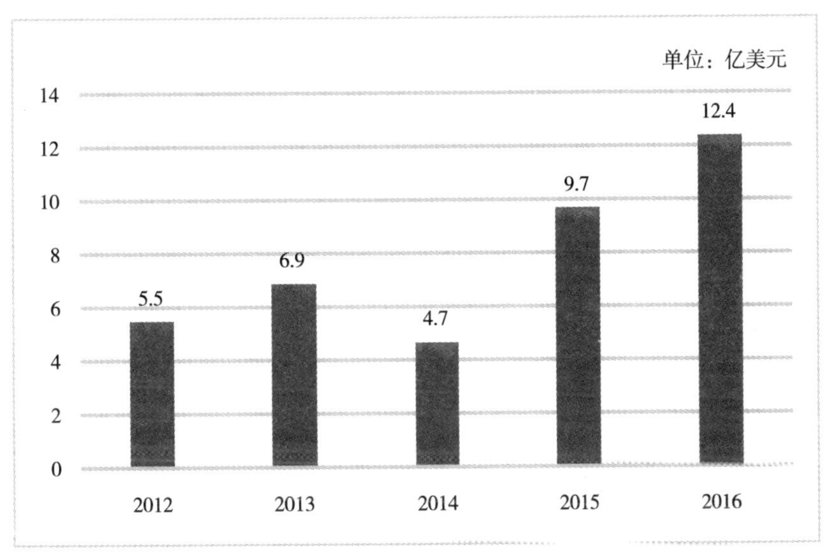

图 3－5　2011—2016 年安徽省实际对外直接投资额

其中，非金融类对外直接投资净额（以下简称流量）首次突破 10 亿美元，创历史新高。从图 3－6 可以看出，安徽省非金融类对外直接投资净额的发展总体可分为两个阶段：第一阶段为 2009 年之前的初步发展阶段，安徽省非金融类对外直接投资流量呈现总体平稳、稳中向好的态势；第二阶段，2010 年至今，安徽省对外直接投资迅速发展，对外直接投资能力不断增强，流量增长速度快，同时波动性较大。

2016 年，安徽省非金融对外直接投资流量在全国流量总额中占比达到 0.57%，在全国各大省区市中位居第 26 名，相比 2015 年下降了 15 名；从中部六省对外投资流量对比情况来看，安徽省排名第四，较 2015 年第一的佳绩来说，安徽省 2016 年对外直接投资流量增长略显不足，原因参见上文存量下降的分析。

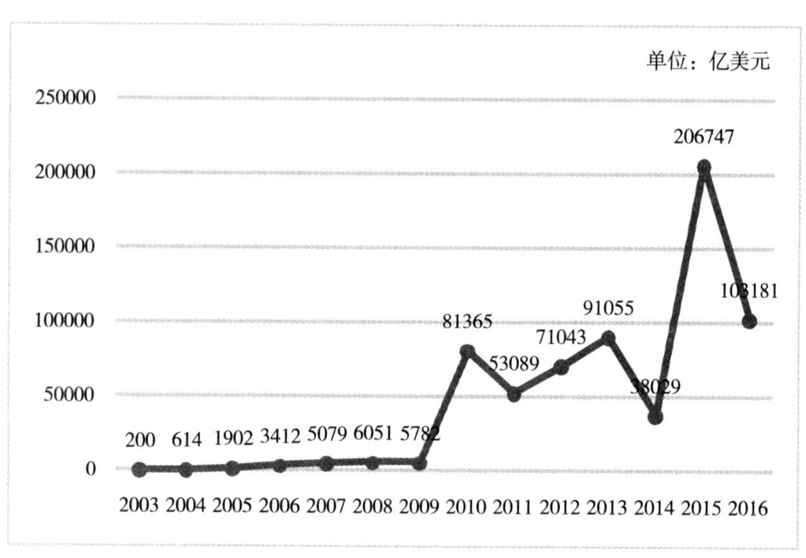

图 3-6　2011—2016 年安徽省实际对外直接投资额

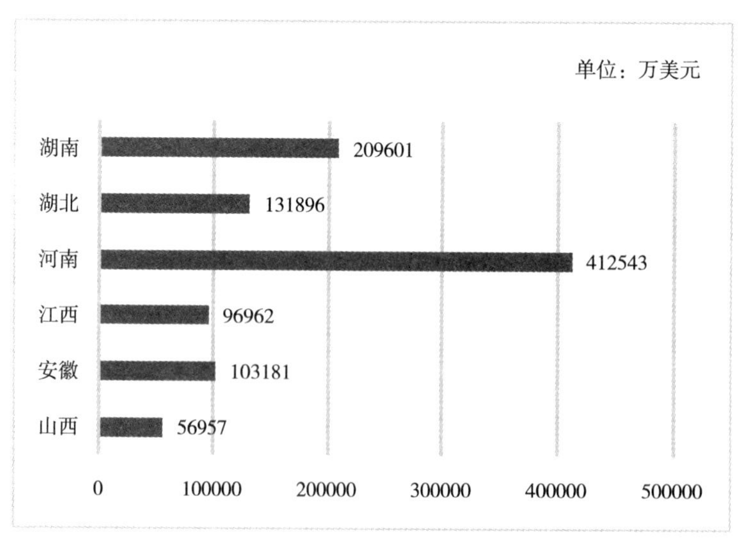

图 3-7　2016 年中部六省非金融类对外直接投资流量对比

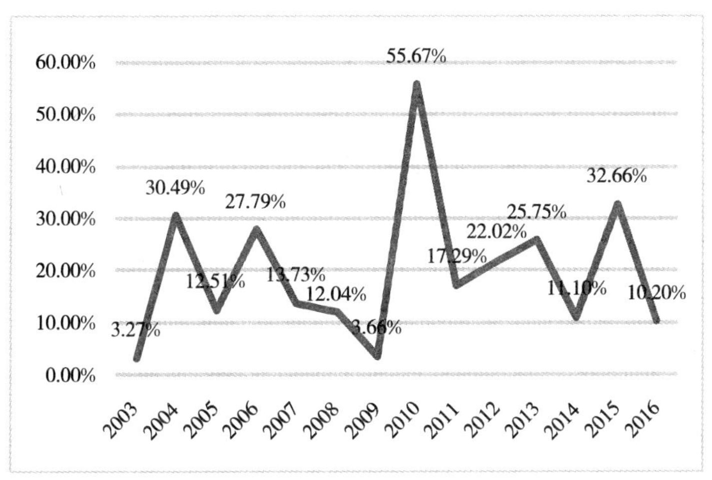

图 3-8 2003—2016 年安徽省非金融类对外直接投资流量在中部六省中占比情况

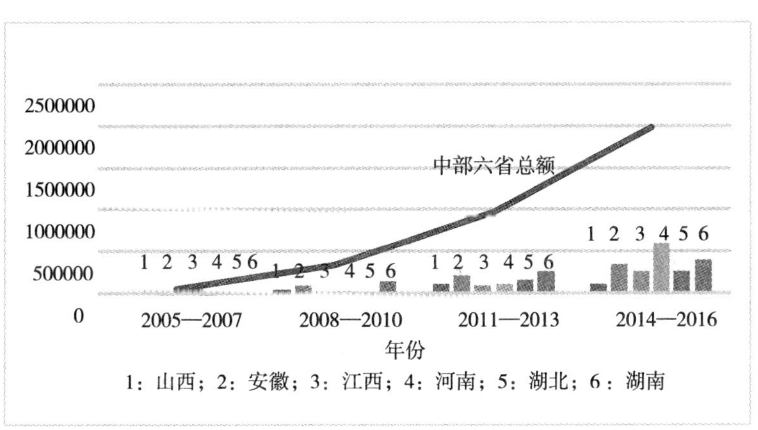

图 3-9 2005—2016 年中部六省非金融类对外直接投资流量（万美元）

安徽省对外直接投资紧跟国家战略导向、遵循市场经济规律，以“企业自主、政府服务”为原则，强化政策激励，突出服务引领，实现总体稳步发展。2016 年，安徽省新增 344 万家境内投资者，在国（境）外共设立对外直接投资企业（以下简称境外企业）121 家，其中，民营企业投资活力增强。在全年新批的 121 家境外企业中，民营企业有 106 家，占总数的 87.6%；在发生实际对外直接投资业绩的 99 家企业中，民营企业 78 家，占总数的 78.8%。

安徽省境外企业分布在全球 62 个国家（地区），累计在“一带一路”国家设立境外企业 27 家，同比增长 13%，对“一带一路”沿线国家和地区投资 0.7 亿美元。中国香港成为第一大投资目的地，皖企在香港设立境外企业 27 家，增长 35%；实际投资 6.6 亿美元，增长 58.6%，对香港投资占全省对外直接投资总额的 53.5%。欧美国家投资增长迅速，全年皖企在欧美发达国家设立境外企业 43 家，增长 43.3%，实际投资 3.3 亿美元，对欧美投资占全省对外投资总额的 26.6%。

第二节　安徽对外直接投资经济效应分析

一、出口效应

（一）出口效应理论分析

参与国际竞争的方式一种是出口，另一种是对外直接投资。随着“走出去”的推进，安徽省的对外直接投资不断扩大，出口总额也不断增长。从图 3 - 10 可以看出，二者增长趋势十分相似，2016 年同时出现略微下降的趋势，在此之前除个别年份略有减少，其他年份同样一直保持可观的速度增长。

二者的变化同时受到国内外经济形势变化、汇率等因素的影响，那么对外直接投资对出口是否存在一定影响？项本武（2007）、王胜、甜涛和谢润德（2014）等对我国对外直接投资与出口的研究分析得出，两者之间在一定程度上存在互补效应；毛其淋和许家云（2014）研究得出，从微观层面证实了中国对外直接投资具有显著的出口创造效应；郎丽华、刘新宇（2016）利用 2003—2014 年中国与 143 个国家之间的数据，采用面板数据模型的实证分析方法，研究得出，中国对外直接投资每增加 1%，出口规模会增加 0.435%，表明对外直接投资与出口规模之间总体上呈现出互补关系的影响效应。本节将通过计量经济学

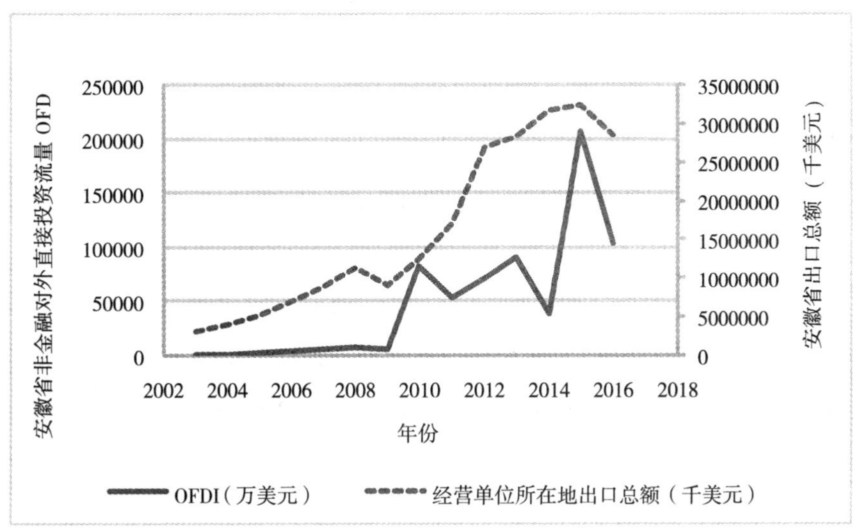

图 3-10　2003—2016 年安徽省非金融对外投资流量、出口总额

方法，利用 1994—2016 年安徽省年度数据、2003—2016 年中部六省面板数据[①]，验证对外直接投资的出口效应。

（二）出口效应的安徽省年度数据检验方法及结论

本节使用安徽省 1994—2016 年共计 23 年的时间序列数据，选取出口总额（EX）作为被解释变量、非金融对外直接投资流量（OFDI）作为解释变量，使用 Eviews 9.0 作为计量工具，首先对其进行平稳性检验，见表 3-1 所列。

表 3-1　LNEX 和 LNOFDI 的 ADF 检验结果

变量	ADF 统计值	临界值			*P* 值	结论
		1%	5%	10%		
LNEX	−2.001798	−4.440739	−3.632896	−3.254671	0.5684	不平稳
DLNEX	−2.833204	−2.679735	−1.958088	−1.607830	0.0069	平稳

① 本节实证数据来源说明：(1) 1994—2002 年安徽省非金融对外投资流量来源于笔者估算，主要估算公式：OFDIa，$i\left(\frac{\text{OFDIa}, i-2}{\text{OFDIc}, i-2}+\frac{\text{OFDIa}, i-2}{\text{OFDIc}, i-2}+\frac{\text{OFDIa}, i-3}{\text{OFDIc}, i-3}\right)\div 3\times\text{OFDIc}$，$i$ 其中 OFDIa，i 表示第 i 年安徽省非金融对外直接投资流量，OFDIc，i 表示第 i 年中国对外直接投资流量；(2) 其他数据来源于《中国对外直接投资统计公报》、中华人民共和国国家统计局官方网站。

（续表）

变量	ADF统计值	临界值			P值	结论
		1%	5%	10%		
LNOFDI	−2.576477	−4.440739	−3.632896	−3.254671	0.2928	不平稳
DLNOFDI	−4.839937	−2.679735	−1.958088	−1.607830	0.0000	平稳

单位根检验结果显示，LNEX和LNOFDI两个变量一阶差分后的ADF统计值为−2.833204、−4.839937，小于其在1%显著性水平下的临界值，P值均接近零，可见两个变量一阶差分后为平稳序列，即一阶单整，可进行接下来的协整关系检验，构建回归模型如下：

$$LNEX=\beta+\alpha LNOFDI+\varepsilon$$

其中，β为常数项，ε为随机误差项，使用OLS法回归，估计结果如下：

$$LNEX=10.29031+0.391620\ LNOFDI$$

(69.18604)(21.22769)

t值

$R^2=0.955472\ Adjsted—R^2=0.953352\ DW=1.292048\ F=450.6147$

回归结果中，系数α为0.391620，即LNOFDI每变动1单位，LNEX变动0.391620单位，回归方程的拟合优度为0.955472，调整后的拟合优度为0.953352，拟合程度较好，DW值为1.292048，查DW检验表，不存在自相关性。

前面验证了对外直接投资和出口的相关关系，但相关并不意味着存在因果关系，而只能说明两者依存性很高，但需要明确的是变量是否具有单向或是双向的影响关系。接下来利用格兰杰因果关系来加以检验，见表3-2所列。

表 3-2　出口效应的格兰杰因果检验结果

原假设	滞后期	F 统计值	P 值	结论
LNOFDI 不是 LNEX 的格兰杰原因	1	2.72362	0.1153	接受
	2	1.06058	0.3694	接受
	3	3.75410	0.0385	拒绝
LNEX 不是 LNOFDI 的格兰杰原因	1	3.53500	0.0755	接受
	2	1.12019	0.3505	接受
	3	1.66402	0.2234	接受

本节选取 3 个滞后期进行检验分析，“LNOFDI 不是 LNEX 的格兰杰原因”在滞后期为 3 的情况下，*F* 统计值为 3.75410，*P* 值为 0.0385，所以原假设是被拒绝的，其他情况均无法拒绝原假设，所以得出对外直接投资在一定程度上对出口有影响，即对外直接投资的变动会导致出口的变动，而出口均不是对外直接投资发生变化的原因。

（三）出口效应的中部六省面板数据检验方法及结论

关于中部六省的出口增长驱动因素的研究，万红先、汪林红（2016）在《安徽省对外贸易发展比较研究》一文中，将人均 GDP、居民消费指数、汇率、城市化水平以及外资依存度作为解释变量，建立多元回归模型，研究结果表明安徽省人均 GDP、城市化水平及汇率（R）对安徽省对外贸易促进作用较大。本节在此研究的基础上，引入对外直接投资流量（OFDI）作为主要解释变量，选取城市化水平[①]（*U*）及汇率（*R*）作为其他解释变量，来研究对外直接投资对出口贸易的影响。使用中部六省 2003—2016 年的面板数据，STATA11 作为计量工具，建立模型（$LNEX=\beta+\alpha_1 LNOFDI+\alpha_2 LNR+\alpha_3 LNU+\varepsilon$），首先进行 hausman 检验，结果显示 *P* 值大于 0.1，不拒绝原假设，采用随机效应模型，出口效应的随机效应模型回归结果见表 3-3 所列，总体来看，corr（u _ i，X）=0，不存在内生性问题，从解释变

① 城市化水平 $U=x\div X$，其中 X 表示一个地区的年末常住人口（万人），x 表示该地区的城镇人口（万人）。

量的 *P* 值来看，均小于 0.01，LNOFDI 前系数为 0.1040085，即 LNOFD 每变动 1 单位，LNEX 变动 0.1040085 个单位，两者之间存在正相关关系，即对外直接投资对出口有正向的促进效应。

表 3－3　出口效应的随机效应模型回归结果

Random effects u _ i～Gaussian

Wald chi2 (3) ＝447.87

corr (u _ i, X) ＝0 (assumed)　　　　Prob＞chi2＝0.0000

LNEX	Coef.	Std. Err	z	P＞ ∣ t ∣	[95% Conf. Interval]
LNOFDI	0.1040085	0.0365968	2.84	0.004	[0.0322801, 0.1757369]
LNR	－2.428771	0.787922	－3.08	0.002	[－3.97307, －0.8844724]
LNU	2.301085	0.664632	3.46	0.001	[0.9984298, 3.603739]
_ cons	21.74409	1.58569	13.71	0.000	[18.63619, 24.85198]
sigma _ u	0.30668441				
sigma _ e	0.3079203				
rho	0.49798915 (fraction of variance due to u _ i)				

二、就业效应

（一）就业效应理论分析

2010—2016 年安徽省实有城镇登记失业人数总体有所增长，到 2016 年全国共有 30.45 万城镇失业人口，比 2010 年的 26.86 万增加了 3.59 万人。近年来，中国登记失业率和调查失业率都处于下降的态势，城镇新增就业人数也在增加。在此大背景下，安徽省城镇登记失业率也有所下降，从 2010 年的 3.66％降至 2016 年的 3.2％，近五年来失业率最低的是 2015 年 3.14％，如图 3－11 所示。

从图 3－11 可以看出，对外直接投资与失业率呈相反的趋势，且变化形式非常相似。那么不断发展的对外直接投资是否为安徽省创造更多的就业机会、提高从业薪资水平？国内大量研究对外直接投资与就业关系的文献，其中罗良文（2007）综合运用了定性和定量分析方法，就中国对外直接投资对国内就业的效应进行了研究，提出了大力发展对外直接投资，增加我国就业的对策。蒋冠宏（2016）利用我国

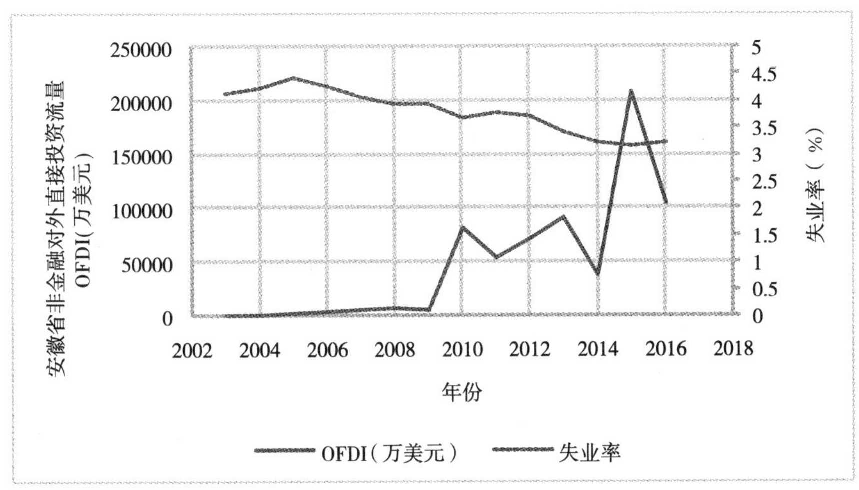

图 3 - 11　2003—2016 年安徽省非金融对外投资流量、失业率

2005—2007 年 1016 家有对外直接投资的工业企业数据，检验了企业对外直接投资的“就业效应”，研究表明，目前我国企业大规模对外直接投资可能“创造”了国内就业。宋林、谢伟和何红光（2017）利用 2004—2014 年中国省级面板数据实证检验了 OFDI 对国内就业的影响，研究发现：OFDI 对于我国国内就业有着显著的促进作用，但存在明显的地区异质性，促进作用呈现东、中、西部逐步递减的趋势。本节将利用 1994—2016 年安徽省年度数据验证对外直接投资是否改善安徽省就业状况，利用 2003—2016 年中部六省省际面板数据进一步验证其就业效应。

（二）就业效应的安徽省年度数据检验方法及结论

本节使用的是安徽省 1994—2016 年共计 23 年的时间序列数据，选取变量有非金融类对外直接投资流量（OFDI）、城镇单位在岗职工平均工资（元）（W），首先对其进行平稳性检验，见表 3 - 4 所列。

表 3 - 4　LNW 和 LNOFDI 的 ADF 检验结果

变量	ADF 统计值	临界值			P 值	结论
		1%	5%	10%		
LNW	−2.666240	−4.532598	−3.673616	−3.277364	0.2590	不平稳
DLNW	−3.738708	−2.679735	−1.958088	−1.607830	0.0007	平稳

（续表）

变量	ADF统计值	临界值			P值	结论
		1%	5%	10%		
LNOFDI	−2.576477	−4.440739	−3.632896	−3.254671	0.2928	不平稳
DLNOFDI	−4.839937	−2.679735	−1.958088	−1.607830	0.0000	平稳

表3－4的单位根检验结果显示，LNW和LNOFDI两个变量一阶差分后的ADF统计值为−3.738708、−4.839937，小于其在1%显著性水平下的临界值，P值均接近0，可见两个变量一阶差分后为平稳序列，序列一阶单整，可进行接下来的协整关系检验，首先构建回归模型如下：

$$LNW=\beta+LNOFDI+\varepsilon$$

其中，β为常数项，ε为随机误差项，使用OLS法回归，估计结果如下：

$$LNW=7.328538+0.309448\times LNOFDI(52.08497)(17.73090)$$

$$R^2=0.937385\quad \bar{R}^2=0.934404\quad DW=1.048482\quad F=314.3849$$

回归结果中系数α为0.309448，即LNOFDI每变动1单位，LNW变动0.309448单位，*OFDI*与*W*具有较高的相关性。回归方程的拟合优度为0.937385，调整后的拟合优度为0.934404，拟合程度较好，方程有效。*DW*值为1.048482，查DW检验表，不存在自相关性。接下来对二者进行格兰杰因果关系检验，见表3－5所列。

表3－5　就业效应的格兰杰因果检验结果

原假设	滞后期	F统计值	P值	结论
LNOFDI不是LNW的格兰杰原因	1	4.64902	0.0441	拒绝
	2	5.01572	0.0204	拒绝
	3	3.32635	0.0534	拒绝
LNW不是LNOFDI的格兰杰原因	1	8.24968	0.0098	拒绝
	2	5.83221	0.0125	拒绝
	3	3.97580	0.0326	拒绝

表 3-5 为 3 个滞后期下格兰杰因果检验结果，“LNOFDI 不是 LNW 的格兰杰原因”和“LNW 不是 LNOFDI 的格兰杰原因”两个假设在三个滞后期下均是被拒绝的，从 F 统计值、P 值大小来看，原假设被拒绝程度强，检验结果表明非金融类对外直接投资流量（$OFDI$）、城镇单位在岗职工平均工资（元）（W）存在相互的因果关系，即安徽省的对外直接投资与从业人员薪资水平之间存在相互促进的作用。对外直接投资与经济发展形势息息相关，而对外薪资水平会随着经济不断发展而增长，本节在接下来的中部地区数据验证中，将引入 GDP 作为控制变量进一步验证对外直接投资对就业的影响。

（三）就业效应的中部六省面板数据检验方法及结论

从理论上看，OFDI 主要通过对外贸易、利润回流再投资和逆向技术溢出三条路径对国内就业产生影响，由此可见 OFDI 存量、固定资产投资、科技水平、对外开放程度和劳动力市场刚性都可能成为影响 $OFDI$ 的就业效应的变量（宋林、谢伟和何红光，2017），本节选取的被解释变量为各省就业量，采用城镇就业人员年末人数（$JOBS$）来衡量；核心解释变量为 $OFDI$，采用我国历年对外直接投资公报中公布的各省非金融类对外直接投资存量数据；其他解释变量包含如下：全社会固定资产投资（$ASSETS$），专利授权数（Z）表示科技水平，出口总额（EX）表示对外开放程度，参照余官胜（2012）的做法使用国有部分就业人数占比来衡量劳动力市场的刚性（LMR），建立模型：

$$\begin{aligned} \mathrm{LNJOBS} = {} & \beta + \alpha_1 \mathrm{LNOFDI} + \alpha_2 \mathrm{LNLASSETS} \\ & + \alpha_3 \mathrm{LNZ} + \alpha_4 \mathrm{LNEX} + \alpha_5 \mathrm{LNLMR} + \varepsilon \end{aligned}$$

从 Hausman 检验结果来看，显示负值，不满足随机效应模型基本假设，选取固定效应模型，处理结果如下表所示，LNOFDI 的 P 值为 0.604，即对外直接投资对中部地区的就业没有显著的影响，可以看出，OFDI 的就业效应在中部地区不明显。一方面，中部地区的对外直接投资目前处于发展阶段；另一方面，OFDI 就业效应的充分发挥需要其他经济、技术、社会条件的综合作用。因此，中部地区应着力做好自身基础设施建设和市场制度的完善，有选择地培育优秀企业对外投资。

从其他变量来看，LNASSETS、LNZ、LNEX 分别在 1%、10%、5%的显著性水平上对 LNJOBS 呈现正相关影响，即中部地区的固定资产投资、科技水平以及对外开放程度开放程度的提高都会带来就业创造效应。LNLMR 前系数为－0.5688045，*P* 值为 0，说明存在显著的负相关关系，劳动力市场刚性制约了中部地区就业人口的增长。

表 3－6　就业效应固定效应模型回归结果

F（3，73）＝260.53

corr（u_i，Xb）＝0.1247　　Prob>F＝0.0000

LNJOBS	Coef.	Std. Err	t	P> | t |	[95% Conf. Interval]
LNOFDI	0.0063697	0.0122184	0.52	0.604	[－0.0179816，0.0307209]
LNASSETS	0.1908178	0.0482103	3.96	0.000	[0.0947347，0.2869008]
LNZ	0.0705185	0.0394078	1.79	0.078	[－0.0080213，0.1490582]
LNEX	0.0821376	0.0343811	2.39	0.019	[0.0136161，0.1506591
LNLMR	－0.5688045	0.1716018	－3.31	0.001	[－0.9108065，－0.2268025]
_cons	2.598597	0.3605676	7.21	0.000	[1.879987，3.317207]
sigma_u	0.18736046				
sigma_e	0.09180323				
rho	0.80639813（fraction of variance due to u_i）				

F test that all u_i=0：　F（5，73）＝26.55　Prob>F ＝ 0.0000

三、技术溢出效应

（一）技术溢出效应理论分析

从图 3－12 可以看出安徽省专利授权量逐年增加，与非金融类对外直接投资流量相似的增长趋势体现在 2008 年之前，二者平稳缓慢地增长，随后呈现一个快速增长阶段，之后又同样出现个别年份略有下降的趋势。

在过去的研究中，值得参考的文献颇为广泛，例如，鲁万波、常永瑞和王叶涛（2015）研究发现对外直接投资提升了中国国内的创新能力和全要素生产率，促进了中国的技术进步。朱严林、许敏（2015）利用 2003—2011 年省际面板数据，研究结果显示：我国对外直接投资对全国

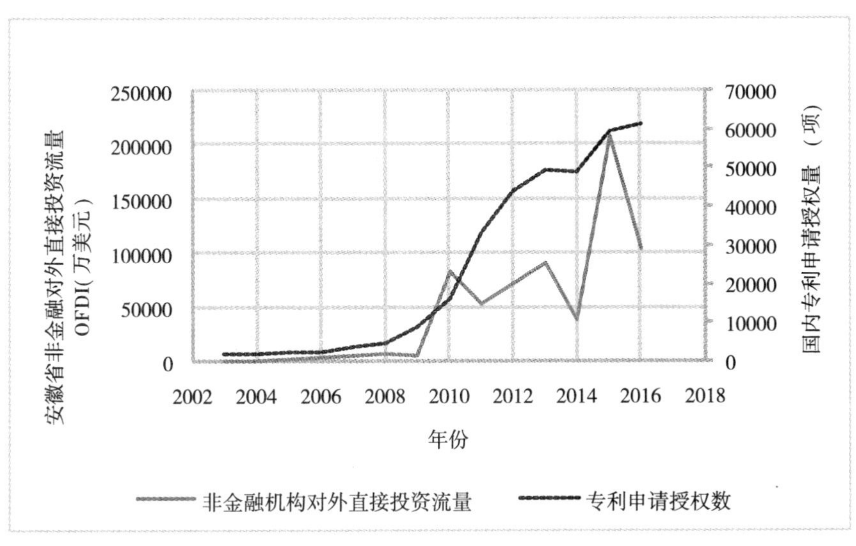

图 3-12　2003—2016 年安徽省非金融对外投资流量、专利授权量

高技术产业的技术创新有正向的促进作用，但是其促进作用还尚小，并且国内 R&D 人员的投入对 OFDI 逆向技术溢出的吸收产生了抑制作用；OFDI 逆向技术溢出对我国东部和西部的高技术产业的技术提升有积极的促进作用，但是对中部地区高技术产业的技术提升并不显著。李娟、唐珮菡、万璐和庞有功（2017）利用 2003—2012 年省级面板数据进行实证检验，得出自主研发资本投入和人力资本投入是提升我国自主创新能力的主要渠道，通过对外直接投资渠道获得的逆向技术溢出对创新能力的影响仍相对较小；OFDI 逆向技术溢出的创新效应在东部地区最为显著，但对于中部地区和西部地区则不显著。

本节利用 1994—2016 年安徽省年度数据、2003—2016 年中部六省面板数据，同时引入 R&D 人员全时当量、工业企业 R&D 经费等相关影响因素作为变量，研究安徽省以及中部地区对外直接投资的逆向技术溢出效应。

（二）技术溢出效应的安徽省年度数据检验方法及结论

选取专利授权数（Z）代表安徽省技术水平指标作为被解释变量，OFDI 作为核心解释变量，经过平稳性检验后，采取逐步回归法，依次引入规模以上工业企业 R&D 人员全时当量（L）、规模以上工业企业 R&D 经费（K）、GDP 作为控制变量，回归结果如下。

表 3-7 技术溢出效应逐步回归回归结果

变量	专利授权数 LNZ	专利授权数 LNZ	专利授权数 LNZ	专利授权数 LNZ
C	4.206133 * * * (14.16464)	-1.365835 (-0.534950)	-11.65242 * * * (-5.478697)	-12.23303 * * * (-6.203384)
LNOFDI	0.546595 * * * (14.84009)	0.147189 (0.795210)	-0.083894 (-0.759470)	0.024725 (0.217756)
LNL		0.892150 * * (2.194941)	-1.668956 * * * (-3.696078)	-2.346481 * * * (-4.489202)
LNK			2.856124 * * * (6.591212)	2.433782 * * * (5.473850)
LNGDP				1.344632 * * (2.128951)
R^2	0.912945	0.929845	0.978654	0.982948
$\bar{R}^2$	0.908800	0.922830	0.975283	0.979159
F 值	220.2281	132.5415	290.3624	259.3926
DW	0.855767	0.514932	1.161393	1.272653

注：括号中的数字 t 统计量，*、* * 和 * * * 分别表示显著水平为 10%，5%和 1%。

回归结果显示，三个模型的整体估计结果较为可信，组内拟合优度达到 90%以上，随着变量的依次引入，拟合优度和调整后的拟合优度越来越大，方程的拟合程度越好；DW 的变化，通过查表，越来越没有自相关性。在系数的变化上，LNOFDI 的系数绝对值随着其他变量的引入而减小，对外直接投资与专利授权数的相关性不显著。总体上来看，通过对外直接投资渠道获得的逆向技术溢出效应对我国自主创新能力的提升可能促进作用，但影响程度小于 R&D 经费以及经济增长所带来的技术溢出效应收益。目前来看，安徽省的自主创新能力依靠经费投入和经济增长推动，安徽省通过发展经济、增加科研经费投入来提高技术水平的同时，同时需要鼓励企业在对外直接投资过程中更加注重对先进技术的学习。

（三）技术溢出效应的中部六省面板数据检验方法及结论

根据上文在对安徽省研究的基础上，发现引入 GDP 变量方程拟合优度变高不明显，且可能与其他三个宏观经济指标变量存在多重共线性，因此中部面板数据实证中选取专利授权数（*Z*）代表安徽省技术水平指标作为被解释变量，*OFDI* 作为核心解释变量，选取 R&D 人员全时当量、工业企业 R&D 经费作为其他解释变量，建立模型如下：

$$LNZ=\beta+\alpha_1 LNOFDI+\alpha_2 LNL+\alpha_3 LNK+\varepsilon$$

Hausman 检验结果 *P* 值接近于 0（*P*= 0.0165），且 corr（u－i，xb）＝0.2615，因此固定效应模型更加有效，回归结果如下：从表 3－8 可以看出，LNOFDI 与 LNZ 在 5%的置信水平下存在正相关关系，即中部地区的对外直接投资对技术创新存在显著的促进作用；LNK 与 LNZ 直接存在更为显著的正相关关系，且系数较大。从结果中看出，相比对外直接投资的逆向技术溢出，目前中部六省的技术创新更大程度上依赖于内部自主创新，随着对外直接投资规模不断扩大，成为中部地区经济发展的重要组成部分，应该鼓励企业通过合资、联营，从国内外其他单位直接获取先进技术，快速提高企业的技术档次。

表 3－8　技术溢出效应固定效应模型回归结果

F（3，75）＝231.41

corr（u _ i，Xb）＝0.2615　　　　Prob>F＝0.0000

LNZ	Coef.	Std. Err	t	P>｜t｜	[95% Conf. Interval]
LNOFDI	0.0881371	0.04386	2.01	0.048	[0.0007635，0.1755107]
LNL	0.0265166	0.2300335	0.12	0.909	[－0.4317335，0.4847668]
LNK	0.8329031	0.1893173	4.40	0.000	[0.4557637，1.210043]
_ cons	－3.490454	1.023294	－3.41	0.001	[－5.528959，－1.451948]
sigma _ u	0.24971702				
sigma _ e	0.33954042				
rho	0.35102671（fraction of variance due to u _ i）				

F test that all u _ i=0：　　F（5，75）＝5.27　　Prob>F＝0.0003

四、产业升级效应

（一）产业升级效应理论分析

安徽省近年来深入实施创新驱动发展战略，加快推动调结构转方式促升级，取得显著成果。图 3-13 描绘了产业结构指标[①]（Y）增减以及增速变化的过程，2011 年之前产业结构变化呈现一定的波动性，2011 年之后呈现出明显的提升，且提升速度较快。

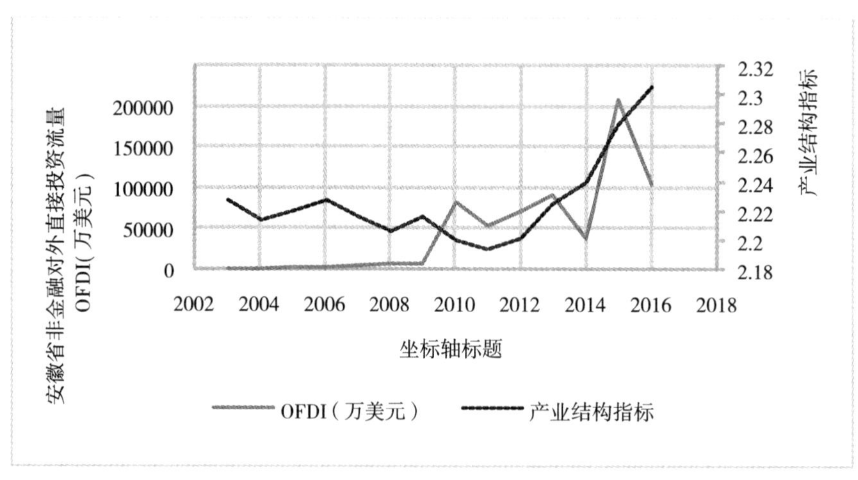

图 3-13 2003—2016 年安徽省非金融对外投资流量、产业结构指标

总结现有的研究，可以看出对外直接投资能推动产业结构优化升级，二者之间相互促进、彼此影响。李逢春（2012）利用 2003—2010 年中国对外直接投资和产业升级的相关省际数据，实证结果显示，较高的对外直接投资水平可以较快地促进投资企业所在国家或地区的产业升级；陈琳、朱明瑞（2015）采用了 2003—2012 年 30 个省、自治区、直辖市的面板数据，实证检验对外直接投资的产业间升级效应，结果显示，对外直接投资显著地促进了各地区的产业结构优化。陈文府、马喜妹（2017）采用 2000—2014 年安徽省对外直接投资、产业结构时间数据进行实证分析，研究结果显示：安徽省对外直接投资与产业结构之间存在长期稳定的均衡关系，但由于安徽省对外直接投资发展水平和规模落后，不能与产业结构优化之间形成明显的促进作用。王丽、韩玉军（2017）运用 2003—2015 年中国 31 个省（市）的样本

---

① Y 表示产业结构升级测度指标，采用徐德云（2008）中将靖学青（2005）提出的产业结构层次系数修正的测度指 $Y=y\_1\times1+y\_2\times2+y\_3\times3$，$y\_1$，$y\_2$，$y\_3$ 分别为第一、第二、第三产业增量占 GDP 比重。

数据进行实证检验结果表明，OFDI 对产业结构优化具有正向影响，同时对外开放度、金融发展水平、技术水平、人力资本、外商直接投资和基础设施状况都是促进产业结构优化的积极因素。

（二）产业升级效应的安徽省年度数据检验方法及结论

运用 1994—2016 年安徽省年度数选取对外直接投资 *LNOFDI* 和产业结构指标 *LNY* 变量，对变量的时间序列进行单位根检验，检验结果见表 3－9 所列，*LNY* 和 *LNOFDI* 两个变量一阶差分后的 ADF 统计值为－4.348826、－4.839937，小于其在 1%显著性水平下的临界值，*P* 值均接近零，可见两个变量一阶差分后为平稳序列。

表 3－9　*LNY* 和 *LNOFDI* 的 ADF 检验结果

变量	*ADF* 统计值	临界值			*P* 值	结论
		1%	5%	10%		
LNY	－3.405625	－4.532598	－3.673616	－3.277364	0.0803	不平稳
DLNY	－4.348826	－2.679735	－1.958088	－1.607830	0.0002	平稳
LNOFDI	－2.576477	－4.440739	－3.632896	－3.254671	0.2928	不平稳
DLNOFDI	－4.839937	－2.679735	－1.958088	－1.607830	0.0000	平稳

在进行向量自回归之前，需要选择最优滞后阶数，根据 Eviews 9.0 中的五大滞后阶数选择标准，得出向量自回归模型最优滞后阶数是 2，建立的 Var 模型，回归结果如下：

$$LNY = 0.100865 + 1.113875 \times LNY(-1) - 0.241917 LNY(-2)$$
$$- 0.001555 LNOFDI(-1)\ (0.05250)\ (0.13340)\ (0.14758)$$
$$(0.00273) + 0.002179 LNOFDI(-2)\ (0.00261)$$
$$R^2 = 0.961110 \quad \bar{R}^2 = 0.951387 \quad F = 98.85367$$

回归结果显示，R^2 为 0.96110，以及调整后的 R^2 为 0.951387，方程拟合优度较好。且 VAR 模型所有的特征根都在单位圆内（图 3－14），所以模型是稳定的。

Y 滞后一阶系数为正，表明滞后一期的产业结构与当期的产业结构之间有一定正相关作用，且正相关性较大；Y 滞后二阶系数为负，

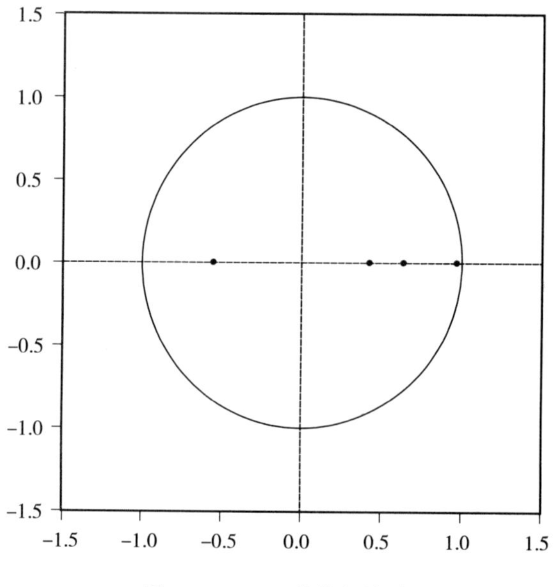

图 3-14 AR 单位根检验

滞后二期的产业结构与当期的产业结构之间存在负相关作用。OFDI 滞后一阶系数为负，OFDI 滞后二阶系数为正，相对 Y 滞后一阶前系数来说，二者绝对值较小，影响略显不足。一方面，对外直接投资对产业升级的提升效应，会在一定程度上，受到市场环境、经济发展水平等因素的限制；另一方面，由于安徽省对外直接投资目前正处于发展阶段，涉及的行业、产业相对集中，因此安徽省对外直接投资对产业内升级转型的影响大于产业间升级的影响，而本书选取的产业升级指标反映的是产业间升级。

（三）产业升级效应的中部六省面板数据检验方法及结论

运用 2003—2016 年中部地区省际面板数据，被解释变量为产业结构指标（Y），核心解释变量为 *OFDI*，选取的其他解释变量有对外开放度（出口总额 *EX*）、金融发展水平（原保险保费收入 *FIN*）、技术水平（专利授权数 *Z*）、人力资本（平均受教育年限 *EDU*[①]）、外商直

① 平均受教育年限的计算参考 Barro 和 Lee（1993）的方法，计算公式：平均受教育年限＝小学教育人数比重×6 年＋初中教育人数比重×9 年＋高中教育人数比重×12 年＋高等教育人数比重×16 年

接投资（外商投资企业投资总额 *FDI*）和基础设施状况（公路里程数 *ROAD*），建立模型如下：

$$LNY=\beta+\alpha_1 LNOFDI+\alpha_2 LNEX+\alpha_3 LNFIN+\alpha_4 LNZ$$
$$+\alpha_5 LNEDU+\alpha_6 LNFDI+\alpha_7 LNROAD+\varepsilon$$

Hausman 检验结果 *P* 值为零，采用固定效应模型，回归结果见表 3-10 所列，其中 *LNOFDI*、*LNLNFIN*、*LNZ*、*LNROAD* 对应的 *P* 值均大于 0.1，即中部地区的对外直接投资、金融发展水平、技术水平以及基础设施状况与产业结构之间的关系不显著。*LNEX* 的系数为 0.0133575，*P* 值为 0.013，即在 5%的显著性水平下出口与产业结构呈正相关性；*LNFDI* 的系数为 0.0223561，*P* 值为 0.043，即在 5%的显著性水平下外商直接投资与产业结构呈正相关关系。从对比来看，外资外贸的产业升级效应显著于对外直接投资，因此，中部各省应大力推动贸易以及引入外资，在“引进来”的同时，积极推进“走出去”，提倡企业发展技术获取型海外投资工程，产生学习效应和逆向技术溢出效应，为中部地区产业升级添砖加瓦。

表 3-10　技术溢出效应固定效应模型回归结果

F（7，71）=14.87

corr（u _ i，Xb）=−0.4905　　　　Prob>F=0.0000

LNY	Coef.	Std. Err	t	P>|t|	[95% Conf. Interval]
LNOFDI	−0.0027915	0.001857	−1.50	0.137	[−0.0064942，0.0009113]
LNEX	0.0133575	0.0052524	2.54	0.013	[0.0028846，0.0238305]
LNFIN	0.0068894	0.0094836	0.73	0.470	[−0.0120203，0.0257991]
LNZ	−0.0043756	0.0050085	−0.87	0.385	[−0.0143622，0.0056111]
LNEDU	−0.0389909	0.0193242	−2.02	0.047	[−0.0775223，−0.0004596]
LNFDI	0.0223561	0.0108684	2.06	0.043	[0.0006852，0.0440271]
LNROAD	0.0111057	0.0234319	0.47	0.637	[−0.0356161，0.0578275]
_ cons	0.3785228	0.0852758	4.44	0.000	[0.2084877，0.548558]
sigma _ u	0.03489996				
sigma _ e	0.01360746				
rho	0.86803951（fraction of variance due to u _ i）				

F test that all u _ i=0：　　F（5，71）=48.14　　Prob>F=0.0000

第三节　企业层面分析

一、安徽对外直接投资者的构成

2015年末，安徽省对外直接投资公司达到534家，就其在中国工商行政管理部门注册情况看，有限责任公司占63.32%，是安徽省对外直接投资占比最大、最活跃的主体；股份有限公司占比6.25%，位列其次；外商投资企业占比5.71%；国有企业占比3.53%；港、澳、台投资企业占比1.63%；股份合作企业占比1.36%；私营企业、集体企业和个体经营都约占0.27%；其他占比17.66%。

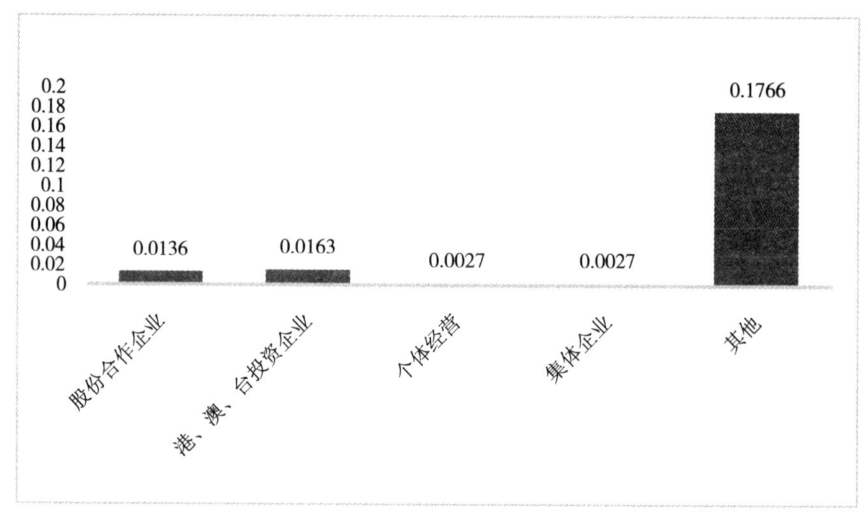

图3－15　2015年末境内投资者按登记注册类型分类情况

表3－11　2015年末境内投资者按登记注册类型分类情况

工商登记注册类型	比重（%）
有限责任公司	63.32%
私营企业	0.27%
股份有限公司	6.25%
国有企业	3.53%

（续表）

工商登记注册类型	比重（%）
外商投资企业	5.71%
股份合作企业	1.36%
港、澳、台投资企业	1.63%
个体经营	0.27%
集体企业	0.27%
其他	17.66%
合计	100%

截至2016年底，安徽省累计在境外设立企业（机构）721家，比上年增长35.02%，其中国有及国有控股企业182家、占25.2%，民营企业539家、占74.8%。

二、安徽对外直接投资企业构成①

（一）国家（地区）分布

由表3－12和图3－16可知，2015年末，中国境内投资者共在全球86个国家（地区）设立对外直接投资企业（简称境外企业），遍布全球超过36%的国家地区。其中，亚洲的境外企业覆盖率为64.58%，欧洲为40.82%，非洲为31.67%，北美洲50.00%，拉丁美洲20.41%，大洋洲为16.67%。截至2016年底，安徽省累计在境外设立企业（机构）721家，同比增长35.27%。2017年一季度，安徽省对外投资新批境外企业（机构）12家、同比下降63.6%。

表3－12 2015年安徽境外企业在各洲分布情况

洲别	2015年末国家（地区）总数（个）	中国境外企业覆盖的国家（地区）数	覆盖率（%）
亚洲	48	31	64.58
欧洲	49	20	40.82
非洲	60	19	31.67

① 根据商务部《境外投资企业（机构）名录（截至2015年底）》，故分析截至2015年底安徽省直接对外投资状况。

（续表）

洲别	2015 年末国家（地区）总数（个）	中国境外企业覆盖的国家（地区）数	覆盖率（%）
北美洲	4	2	50.00
南美洲	49	10	20.41
大洋洲	24	4	16.67
合计	234	86	36.75

注：(1) 覆盖率为中国境外企业覆盖国家数量与国家总数的比率。

(2) 亚洲国家地区数量包括中国。

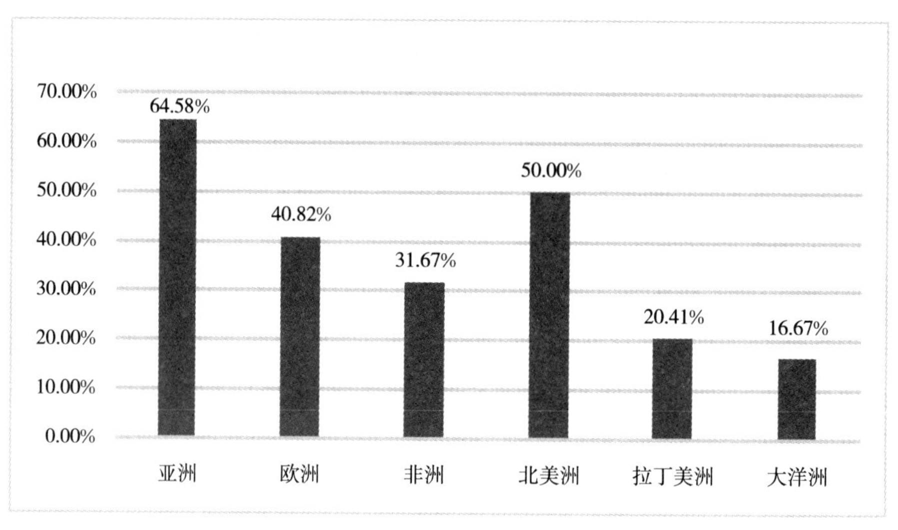

图 3-16　2015 年安徽境外企业在各洲覆盖比率

由表 3-13 和表 3-14 可知，从境外企业的国家（地区）分布情况看，安徽省在亚洲设立的境外企业数量超过 230 家，占 44.84%，主要分布在阿富汗、阿联酋、阿曼、巴基斯坦、朝鲜、菲律宾、哈萨克斯坦、韩国、吉尔吉斯斯坦、柬埔寨、老挝、黎巴嫩、马来西亚、蒙古、孟加拉国、缅甸、尼泊尔、日本、沙特阿拉伯、斯里兰卡、泰国、土库曼斯坦、乌兹别克斯坦、新加坡、伊朗、印度、印度尼西亚、越南、中国香港、中国台湾、中国澳门。在中国香港地区设立的境外企业 95 家，接近占安徽省境外企业总数的两成，是投资最活跃的地区。

在北美洲设立的境外企业数量超过 100 家，约占 20.64%，分布在加拿大、美国。

在欧洲设立的境外企业数量超过 60 家，占 12.57%，分布在奥地利、波兰、德国、俄罗斯、法国、立陶宛、瑞士、乌克兰、西班牙、匈牙利、意大利、英国、英属维尔京群岛。

在非洲设立的境外企业数量超过 60 家，占 12.20%，分布在刚果(金)、加纳、津巴布韦、喀麦隆、肯尼亚、利比亚、莫桑比克、南非、尼日利亚、塞内加尔、坦桑尼亚、乌干达、赞比亚。

在拉丁美洲设立的境外企业数量超过 30 家，占 6.75%，分布在巴西、厄瓜多尔、哥伦比亚、巴拉圭、阿根廷、格林纳达、秘鲁、墨西哥、多米尼克、开曼群岛。

在大洋洲和拉丁美洲设立的境外企业数量超过 15 家，占 3.00%，分布在澳大利亚、新西兰、巴布亚新几内亚、新西兰。

表 3－13　2015 年末安徽省境外企业涉及的国家和地区

洲别	数量	国家（地区）名称
亚洲	31	阿富汗、阿联酋、阿曼、巴基斯坦、朝鲜、菲律宾、哈萨克斯坦、韩国、吉尔吉斯斯坦、柬埔寨、老挝、黎巴嫩、马来西亚、蒙古、孟加拉国、缅甸、尼泊尔、日本、沙特阿拉伯、斯里兰卡、泰国、土库曼斯坦、乌兹别克斯坦、新加坡、伊朗、印度、印度尼西亚、越南、中国香港、中国台湾、中国澳门
欧洲	20	俄罗斯联邦、荷兰、瑞典、保加利亚、爱尔兰、白俄罗斯、比利时、奥地利、波兰、德国、俄罗斯、法国、立陶宛、瑞士、乌克兰、西班牙、匈牙利、意大利、英国、英属维尔京群岛
非洲	19	阿尔及利亚、埃塞俄比亚、安哥拉、博茨瓦纳、赤道几内亚、刚果(布)、刚果（金）、加纳、津巴布韦、喀麦隆、肯尼亚、利比亚、莫桑比克、南非、尼日利亚、塞内加尔、坦桑尼亚、乌干达、赞比亚
北美洲	2	加拿大、美国
拉丁美洲	10	巴西、厄瓜多尔、哥伦比亚、巴拉圭、阿根廷、格林纳达、秘鲁、墨西哥、多米尼克、开曼群岛
大洋洲	4	澳大利亚、新西兰、巴布亚新几内亚、新西兰
合计	86	

表 3－14　2015 年安徽境外企业在各洲构成情况

洲别	境外企业数量	比重（%）
亚洲	239	44.84
欧洲	67	12.57
非洲	65	12.20
北美洲	110	20.64
拉丁美洲	36	6.75
大洋洲	16	3.00
合计	533	100

2015 年末，安徽省设立境外企业数量前 20 的国家和地区依次为中国香港、美国、日本、加拿大、巴西、越南、泰国、柬埔寨、印度尼西亚、澳大利亚、德国、阿联酋、赞比亚、韩国、法国、尼日利亚、莫桑比克、厄瓜多尔、俄罗斯联邦、意大利，如图 3－17 所示。

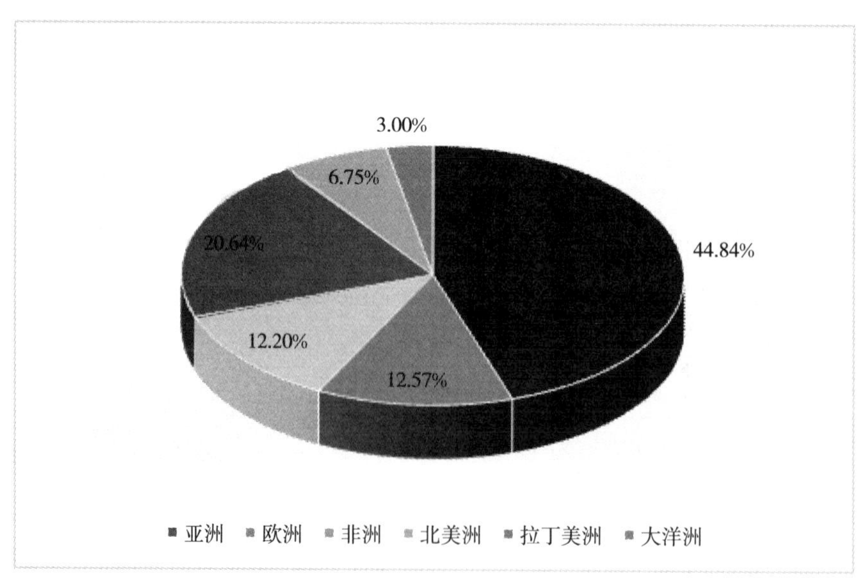

图 3－17　2015 年安徽境外企业在各洲分布情况

截至2016年底，安徽省累计在境外设立企业657家，亚洲位列首位，比上年增长了22.18%。其中中国香港119家、日本20家、越南19家、印度尼西亚15家；北美洲135家居第二位，较上年增长了22.73%，其中美国113家、加拿大22家；非洲81家位列第三，较上年增长了24.62%，其中赞比亚13家、尼日利亚10家、莫桑比克7家；欧洲78家，较上年增长了16.42%，其中德国19家、俄罗斯13家、法国9家；拉丁美洲52家，较上年增长了13.04%，其中巴西14家、开曼群岛9家、厄瓜多尔8家；大洋洲19家，较上年增长了18.75%，其中澳大利亚15家、新西兰3家。“一带一路”沿线分布157家，主要集中在越南、印度尼西亚和俄罗斯，见表3-15所列。

表3-15　2016年安徽境外企业在各洲构成情况

洲别	境外企业数量家（数）	比重（%）
亚洲	292	44.44
欧洲	78	11.87
非洲	81	12.33
北美洲	135	21.00
拉丁美洲	52	7.91
大洋洲	19	2.89
合计	657	100

（二）行业分布

如图3-18所示，截至2016年底，安徽省对外投资覆盖了国民经济所有行业类别。其中制造业以20.4亿美元居首位，占安徽省对外投资存量的37.7%；其次是采矿业15.6亿美元，占28.8%；租赁和商务服务业以15.2亿美元位列第三，占28%；批发零售业2亿美元，占3.7%；建筑业1.7亿美元，占3.1%；电力、热力、燃气及水的生产和供应业1.7亿美元，占3.1%。文化体育和娱乐业、教育业、住宿餐饮业海外投资居存量后三位。

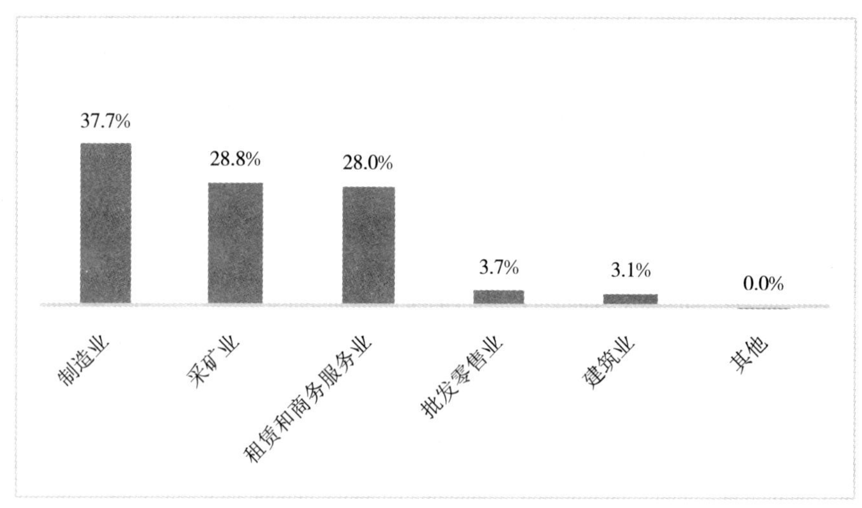

图 3－18　安徽省对外投资行业分布

表 3－16　行业代表公司

行业	主要代表公司
制造业	合肥恒烁半导体有限公司、合肥和昌混凝土有限公司、马鞍山汇智生物技术有限公司、安徽好立成纺织服饰有限公司、芜湖立新清洁用品有限公司、安徽华茂纺织股份有限公司、安徽康瑞鑫电子科技有限公司、安庆市佳晟贸易有限责任公司、阳光电源股份有限公司、安徽源和堂药业股份有限公司、安徽微威胶件集团有限公司、安徽华利达拉链有限公司
采矿业	安徽光大矿业投资有限公司、安徽省外经建设（集团）有限公司、中煤第三建设（集团）有限责任公司、安徽地矿海外投资有限公司、安徽鸿润（集团）股份有限公司、安徽铜冠机械股份有限公司、铜陵有色金属集团控股有限公司、安徽省外经建设（集团）有限公司
租赁和商务服务业	安徽三联投资集团有限公司、安徽中鼎密封件股份有限公司、安徽中策投资有限公司、安徽辉隆集团瑞丰化肥有限公司、安徽省交通控股集团有限公司、合肥联拓金融信息服务有限公司
建筑业	芜湖市千帆防腐工程有限公司、安徽建工集团有限公司、铜陵有色金属集团铜冠矿山建设股份有限公司、安徽建工集团有限公司、安徽省外经建设（集团）有限公司、安徽水安建设集团股份有限公司、黄山市飞龙水泥制品有限公司、安徽水安建设集团股份有限公司

（续表）

行业	主要代表公司
电力、热力、燃气及水的生产和供应业	阳光电源股份有限公司
教育业	安徽新华教育发展有限公司
住宿餐饮业	安徽豪宸房地产开发有限公司、芜湖市百分百中港百货商贸有限公司
信息传输、计算机服务和软件业	芜湖魔方网络信息服务有限公司、商汤集团、合肥蓝石电子科技有限公司
批发和零售业	宁国冠星汽车配件有限公司、黄山市天马科技发展有限公司、合肥裕德国际贸易有限公司、安徽开润股份有限公司、安徽富煌三珍食品集团有限公司、马鞍山市恒毅机械制造有限公司、安徽安贝尔工程技术有限公司、安徽森泰木塑集团股份有限公司、安徽康佳绿色照明技术有限公司、安徽省华安进出口有限公司、安徽华旎工贸有限公司、合肥德丰杰雷名创业投资企业、安徽海螺水泥股份有限公司
租赁和商务服务业	合肥联拓金融信息服务有限公司、芜湖魔方网络信息服务有限公司
教育	安徽新华教育发展有限公司
农、林、牧、渔业	安徽新长江投资股份有限公司、安徽荃银种业科技有限公司、安徽隆平高科种业有限公司、天禾农业科技集团股份有限公司
交通运输	安徽省交通控股集团有限公司
金融业	合肥兴泰金融控股（集团）有限公司
仓储和邮政业	安徽省安庆市曙光化工股份有限公司、安徽省交通控股集团有限公司、安徽新长江投资股份有限公司安徽丰原集团有限公司
房地产业	安徽省红晟国际贸易有限公司、合肥恒兴房地产开发有限公司、安徽达润投资管理有限公司、合肥华都房地产开发有限公司、铜陵中联房地产开发有限责任公司、芜湖大江实业集团有限公司、安徽宇华实业有限公司、安徽豪宸房地产开发有限公司、国购投资有限公司、铜冠建筑安装股份有限公司
科学研究和技术服务业	安徽捷迅光电技术有限公司、合肥美亚光电技术股份有限公司、亚际芯（合肥）通讯技术有限责任公司、合肥天汇孵化科技有限公司、安徽埃夫特智能装备有限公司、合肥德丰杰雷名创业投资企业

在安徽省企业海外投资行业中，电力、信息技术、商务服务三大行业均保持逐年增长趋势。与之相对应，矿产资源海外投资占比持续

下降。这显示安徽省企业对外投资正不断向产业链的上游及高附加值方向延伸。

(三) 知名企业

在安徽省对外直接投资企业中，海螺水泥、奇瑞汽车、铜陵有色、丰原集团、马钢公司、农垦集团等国有及国有控股企业的对外投资额对安徽省对外投资具有支撑作用。中鼎集团、省外经建等民营企业“走出去”表现活跃。

1. 安徽海螺水泥股份有限公司

安徽海螺水泥股份有限公司，于 1997 年 9 月 1 日成立，经营范围包括水泥及辅料、水泥制品生产、销售、出口、进口，机械设备、仪器仪表、零配件及企业生产、科研所需的原辅材料生产、销售、出口、进口，电子设备生产、销售、出口、进口，技术服务，煤炭批发、零售等。2011 年以来，海螺集团积极响应国家“走出去”发展的号召，大力实施国际化发展战略，充分利用国内外两个市场、两种资源，加大海外发展和产能转移的力度，到境外投资建设大型水泥熟料生产线，先后完成了对印尼、缅甸、老挝、柬埔寨等地的投资考察和规划布局。“十三五”期间，海螺集团将积极践行“一带一路”发展战略，发挥水泥行业龙头企业的引领作用，针对沿线部分国家公共基础设施薄弱，在基础设施建设和经济发展过程中需要中国产能和技术的实际，进一步投资发展水泥项目。同时，带动我国大型装备出口、设备成套、工程总包等相关业务在海外的拓展，真正把海螺集团打造成为具有较强竞争力和可持续发展能力的大型国际化产业集团。

2. 奇瑞汽车股份有限公司

奇瑞汽车股份有限公司成立于 1997 年 1 月 8 日。公司成立 20 年来，始终坚持自主创新，逐步建立起完整的技术和产品研发体系，产品出口海外 80 余个国家和地区，打造了艾瑞泽、瑞虎、QQ 和风云等知名产品品牌。同时，旗下两家合资企业拥有观致、捷豹、路虎等品牌。截至目前，公司累计汽车销量已超过 600 万辆，成为第一个乘用车销量突破 600 万辆的中国乘用车品牌汽车企业，其中，累计出口超过125万辆，连续14年保持中国乘用车出口第一位。公司在芜湖、大连、鄂尔多斯、常熟以及在巴西、伊朗、委内瑞拉、俄罗斯等地共建有14个生产基地，打造“国际一流品牌”是奇瑞的战略发展目标。在“无内不稳，无外不强”发展理念的推动下，奇瑞从成立之初就注重开拓国际、国内两个市场，积极实施“走出去”战略，成为我国第一个将整车、CKD散件、发动机以及整车制造技术和装备出口至国外的轿车企业。如今的奇瑞深入推进全球化布局，加快从产品“走出去”、技术和工厂“走进去”到品牌“走上去”的升级转变。通过实施产品战略、属地化战略和人才战略不断加深海外市场的深层次合作，努力将奇瑞汽车打造成为具有全球影响力的国际品牌。在中国国务院新闻办公室指导、中国外文局主办的“中国企业海外形象20强”评选中，奇瑞汽车2015、2016年连续两年荣获中国“最佳海外形象企业”荣誉称号，并蝉联装备制造业第一位。

3. 铜陵有色金属集团控股有限公司

铜陵有色于1992年6月经安徽省体改委批准成立，1996年10月24日在深圳证券交易所上市，成为中国铜工业板块第一股。公司为国家发改委首批列入符合《铜冶炼行业准入条件》的七家企业之一。铜陵有色是目前国内产业链最为完整的综合性铜业生产企业之一，主要从事铜矿勘探、采选、冶炼和深加工等业务，拥有完整的上下游一体化产业链，其在矿产资源储备、铜冶炼、加工等方面的独特竞争优势，完善的产业资本结构布局，使公司具备很强的抗风险能力。铜陵有色是一个国际化的开放型的现代企业集团。公司是最早与国际市场融通接轨的有色金属企业之一，与世界30多个国家和地区建立了经济技术和贸易合作关系，进出口贸易总额连续多年保持全国铜行业和安徽省首位。面对有色金属行业发展大势，公司抓住“一带一路”“中国制造2025”等重大战略机遇，坚持创新驱动，加快调结构、转方式、促升级步伐，建设一流的阴极铜生产基地、铜基新材料加工基地、资源综合利用示范基地，打造全球知名的“铜冠”品牌。

4. 安徽丰原集团有限公司

安徽丰原集团有限公司是国内大型生物发酵工程技术的科技产

业型公司，公司先后承担多项生物发酵技术国家科技计划攻关项目，拥有发明专利500多项，重大工艺技术发明专利170多项。“十三五”期间，丰原集团在国内重点打造生物化工、生物医药、生物新材料产业，主要生产有机酸类、氨基酸类、维生素类、医药原料和中间体等系列产品，并将推广未来最有市场前景的生物材料聚乳酸。2017年建成投产的生物制造产业创新基地，包括全球最大的VC及其衍生物生产企业，并生产赖氨酸、丙氨酸、淀粉糖和多种维生素产品。丰原集团在海外布局农产品深加工产业，在巴西南马州建设玉米深加工产业基地，匈牙利索尔诺克玉米深加工项目也将在2017年下半年启动。到2020年，集团计划新发三家上市公司，其中包括泰格生物——全球最大的维生素生产企业之一，年产各种维生素15万吨左右，将占全球维生素总市场的1/4；丰原生化——全球最大的生物材料生产企业之一，聚乳酸产能将达到百万吨级；丰原生物掌握行业最前沿技术，是专注高端生物化学品的研发与产业化的高科技公司。

5. 马鞍山钢铁股份有限公司

马鞍山钢铁股份有限公司是我国特大型钢铁联合企业，“A+H”股上市公司，安徽省政府授权经营，近年来，马钢坚持以发展为第一要务，以结构调整、创新驱动为主线，以令人瞩目的“马钢速度”完成了总投资400多亿元的两轮大规模结构调整，拥有世界先进的冷热轧薄板、彩涂板、镀锌板、H型钢、高速线材、高速棒材和车轮轮箍等生产线，长材、板带、轮轴三大系列产品全面升级换代，车轮、H型钢、冷镦钢、管线钢等产品拥有自主知识产权和核心技术，车轮和H型钢产品获得“中国名牌”称号，马钢商标被评为中国驰名商标。当前，马钢正处于应对市场严峻挑战、加快转型发展的关键时期。面对钢铁行业发展大势，马钢正坚定不移地贯彻安徽省委省政府提出的“三步走”目标要求，积极融入“一带一路”、“中国制造2025”、长江经济带建设，加快转型升级步伐，推动多元产业协同发展，大力实施绿色制造和清洁生产，努力在适应新常态中追求卓越，携手共建马钢美好家园。

6. 农垦集团

安徽省农垦集团有限公司是1998年经省政府批准由原省农垦农工商联合总公司（前身为省农垦厅）改制成立的国有独资公司，安徽农垦农业投资开发有限公司成立于2011年1月，主要经营范围为农业投资开发与管理、化肥农药等农资经营销售、进出口业务等，主要业务是津巴布韦农业开发项目管理与服务。境外子公司（津—中）皖津农业发展有限公司于2010年12月由安徽农垦与津巴布韦国防部合资成立，投资开发津国土地资源。皖津项目从2011年首期2个农场1800公顷发展到现在的10个农场共1.2万公顷，每年种植小麦、玉米、大豆、烟叶等作物6000多公顷，年产粮食近两万吨。皖津公司已经成为津巴布韦境内规模最大的农业生产企业，也是津巴布韦最大的粮食收购公司（National foods）定点供货商和中国烟草总公司津巴布韦天泽公司的烟叶供应商。2013年6月，安徽农垦牵头成立了“皖企赴津巴布韦合作开发联盟”，以皖津项目为平台，示范引领省内相关企业“走出去”参与国际竞争与合作，通过为会员企业提供多功能、多层次、一站式服务，推动皖企低成本、高效率“走出去”，不断提高安徽省开放型经济水平。境内子公司：2012年7月中石油与安徽农垦农业投资开发有限公司合资成立了安徽中油农垦销售有限公司；2013年1月相对控股安徽皖垦绿丰农资有限公司。公司以“一业为主，多种经营，分步实施，抱团开发”为发展战略，全力做好境外项目管理、服务、融资和国际贸易工作，同时协调做好垦区农场加油站选点规划报批和绿丰农资化肥经营工作。省农垦集团产业化龙头企业有的跻身国家级和省级龙头企业行列，培育了“皖垦”“雁湖”“倮倮”“敬亭绿雪”“黄山大厦”等一系列知名品牌，有11个产品被评为安徽名牌农产品，中国名牌农产品、安徽名牌产品、安徽省著名商标各有2个产品入选，21个农产品通过了有机、绿色、无公害等相关认证，在世博会、东博会、中博会、徽商大会等各类展销会上，受到了广大消费者青睐。

7. 中鼎集团

安徽中鼎控股（集团）股份有限公司建于1980年，总部位于山清水秀的皖东南生态之城宁国市。经过多年不懈奋斗和滚动发展，中鼎集团现已成为拥有下属企业30余家，海外企业10余家，以机械基础件和汽车零部件为主导的跨国民营企业集团。中鼎集团各项经营指标雄踞国内同行业首位，顺利跻身“全球非轮胎橡胶制品20强”“中国汽车工业30强”。涉及实业投资、橡胶及塑料制品、机械及模具制造、汽车工具、信息科技、环保材料、新型环保发动机等领域。其中，主导产品“鼎湖”牌橡胶密封件和特种橡胶制品，广泛应用于汽车、工程机械、石化、办公自动化、铁路、船舶等领域。经过多年发展，中鼎在国内同行业形成了绝对领先的优势地位，并在国际市场上具有较高的影响力和知名度，产品正越来越成为国内外高端战略客户的第一选择。中鼎将大力弘扬“万众鼎力，引领创新”的企业文化精神，持续加强企业创新能力建设，不断加快产业升级步伐，为实现“中国智造，鼎誉全球”的目标愿景，为振兴民族工业、推动国家经济社会发展而努力奋斗！

8. 安徽省外经建设（集团）有限公司

安徽省外经建设（集团）有限公司，是一家以经营建筑业、矿产业、房地产业、珠宝业、酒店旅游业、商贸物流业等业务为主的大型综合性跨国企业，具有房屋建筑工程总承包和机电安装工程总承包一级、装修装饰专业承包一级、公路工程施工总承包二级和房地产开发一级等企业资质，并通过了ISO质量、环境和职业健康安全管理体系认证。自1992年成立以来，公司积极响应国家“走出去”战略号召，大力发展外向型经济，先后在非洲、欧洲、亚洲、中南美洲和大洋洲等地区近30个国家圆满承建了近百个中国大中型援外项目、驻外大使馆馆舍、经商处馆舍项目、国家优惠贷款项目和一系列国际工程承包项目。其中具有代表性的项目，如马达加斯加的国家体育馆、昂瓦公路、国际会议中心和五星级酒店，多哥体育场，毛里塔尼亚总统府办公楼，莫桑比克的外交部办公楼、国际会议中心、国家体育场、总统府办公楼和马普托国际机场，乌干达外交部大楼，加纳军警营房，萨摩亚游泳馆，科特迪瓦议员之家，埃塞俄比亚职业教育学院，格林纳达国家体育场，缅甸国际会议中心，马拉维议会大厦和科技大学，哥斯达黎加国家体育场，赞比亚恩多拉体育场，中国驻法国、比利时使馆经商处等。所建项目均被评为优良工程，为中外友谊、中外经贸友好往来做出了积极贡献，受到了我国多位国家领导人和项目所在国首脑、政要的充分肯定和赞扬。同时，公司先后在马达加斯加、莫桑比克、多哥、科特迪瓦、津巴布韦、格林纳达、法国、比利时等20多个国家注册成立了分支机构，开展多元化经营业务，为促进所在国的GDP增长和增加就业机会发挥了积极作用，树立了中国企业良好的对外形象。2009年，公司向境外矿产资源开发领域进军，先后在津巴布韦、赞比亚、刚果（金）、莫桑比克、坦桑尼亚等国家获得了钻石矿、祖母绿矿、钛锆矿、坦桑蓝矿、红宝石矿等矿产资源的特许勘探和开采权。其中，刚果（金）钻石矿储量丰富，品质好，市场价值极高，现正在紧张有序地进行二期投资建设。莫桑比克钛锆矿是目前世界上已知单体最大的钛锆重砂矿项目，开发前景非常广阔；该项目的试验生产线和规模化生产线已进行充分研究讨论，设计工作正在按计划展开。在房地产开发领域，公司在国内芜湖、亳州、合肥、贵阳等地，在国外莫桑比克、多哥、马达加斯加、马拉维等国家投资开发了商业广场、住宅小区和高级别墅等项目。公司旗下现有20家五星级酒店，14家天地亿万多连锁超市和5家建材加工厂。其中，莫桑比克马普托五星级酒店，建筑面积8万多平方米，是目前在非洲规模最大、功能最齐全、档次最高的五星级酒店。在莫桑比克贝拉市投资建设了经贸合作园区，被莫桑政府批准成为“莫桑比克第二个特别经济区”。在津巴布韦首都哈拉雷市区兴建8.2万平方米的“龙城广场”大型商业中心项目，为国内商贸流通企业“走出去”搭建有力平台。

第四章 安徽与“一带一路”沿线国家经贸关系研究

2013年9月和10月，习近平主席在出访中亚和东南亚国家期间，提出共建“丝绸之路经济带”和“21世纪海上丝绸之路”（简称“一带一路”）的重大倡议，旨在积极发展与沿线国家的经济合作伙伴关系，共同打造利益共同体、命运共同体和责任共同体。2013年12月《中共中央关于全面深化改革若干重大问题的决定》进一步指出：“加快周边国家和区域基础设施互联互通建设，推进丝绸之路经济带、海上丝绸之路建设，形成全方位开放新格局。”2015年3月，中国政府制定并发布《推动共建丝绸之路经济带和21世纪海上丝绸之路的愿景与行动》，推进实施“一带一路”重大倡议，并明确提出“贸易畅通”是合作重点之一。2017年5月举办的首届“一带一路”国际合作高峰论坛，为各方凝聚发展动力、推进务实合作、实现互利共赢提供了重要平台，并在多个方面形成了具体成果。高峰论坛开启“一带一路”倡议，进入建设阶段。党的十九大报告指出，要以“一带一路”建设为重点，坚持“引进来”和“走出去”并重，遵循共商共建共享原则，加强创新能力开放合作，形成陆海内外联动、东西双向互济的开放格局。拓展对外贸易，培育贸易新业态新模式，推进贸易强国建设。“一带一路”倡议作为中国特色社会主义进入新时代条件下的国家发展战略，针对我国开放型经济发展的现实需要，统筹国际国内两个大局，已经并将对于形成全面开放新格局具有重大作用。“一带一路”倡议对于我国和相关国家、地区具有重要的现实意义，促进并深化相互经贸合作，共享经济繁荣。

安徽省作为长江经济带重要省份，具有承东启西、连南接北的区位优势。2010年国务院发布的《皖江城市带承接产业转移示范区规划》对安徽省发展开放型经济提出了新要求。2016 年，习近平总书记视察安徽，并要求安徽在“全面打造内陆开放新高地上闯出新路”。在“一带一路”重大倡议下，安徽迎来了前所未有的发展机遇。对接“一带一路”倡议、深入实施“走出去”战略，成为安徽经济开放突围的重要契机。与国际经济接轨，提高对外开放水平，广泛地激活省内资源，全面提升开放型经济发展水平正当其时。安徽处于“一带一路”和长江经济带的重要节点，近年来加快出省出国出海步伐，深化与“一带一路”沿线国家的经贸合作与交流，取得显著成果。安徽省提出“十三五”期间努力建设成“一带一路”重要腹地和枢纽的目标，这对于打造内陆开放新高地、培育经济发展新动能、提升区域地位与产业竞争力具有重要意义。

第一节　安徽与“一带一路”沿线国家经贸关系现状

“丝绸之路经济带”和“海上丝绸之路经济带”横跨亚非欧三大洲，一头是活跃的东亚经济圈，一头是发达的欧洲经济圈，中间贯通东南亚、南亚、中亚、西亚北非和东欧广大区域，涉及 65 个国家和地区（表 4－1）。“一带一路”沿线国家和地区总人口约 46 亿人，占全球的 62%；所涉及的土地总面积共 5000 万平方公里，占全球的 39%；GDP 总量约为 23 万亿美元，约占全球的 31%，是世界上跨度最长的经济大走廊。“一带一路”所涵盖的 6 大区域中也涉及 ASEAN（东南亚国家联盟）、SCO（上海合作组织）和 GCC（海湾合作委员会）等多个区域性经济组织的成员，并且绝大多数是发展中国家和新兴经济体，经济发展潜力巨大。

表 4－1　“一带一路”65 个国家分布

东亚 2 国	中国、蒙古
东南亚 11 国	新加坡、泰国、越南、马来西亚、印度尼西亚、菲律宾、缅甸、柬埔寨、老挝、文莱、东帝汶

（续表）

东亚 2 国	中国、蒙古
南亚 8 国	印度、巴基斯坦、孟加拉国、斯里兰卡、尼泊尔、阿富汗、马尔代夫、不丹
中亚 5 国	哈萨克斯坦、乌兹别克斯坦、土库曼斯坦、吉尔吉斯斯坦、塔吉克斯坦
西亚北非 19 国	阿联酋、沙特阿拉伯、土耳其、以色列、卡塔尔、埃及、科威特、伊拉克、伊朗、阿曼、巴林、约旦、阿塞拜疆、黎巴嫩、克鲁吉亚、也门、亚美尼亚、叙利亚、巴勒斯坦
东欧 20 国	俄罗斯、波兰、捷克、匈牙利、斯洛伐克、罗马尼亚、乌克兰、斯洛文尼亚、立陶宛、白俄罗斯、保加利亚、塞尔维亚、克罗地亚、、爱沙尼亚、拉脱维亚、波黑、马其顿、阿尔巴尼亚、摩尔多瓦、黑山

2016 年习近平总书记在视察安徽时指出，安徽是“左右逢源”，长三角有你们，中部崛起有你们，长江经济带有你们，“一带一路”也有你们。安徽省区位上居中靠东、连南接北、沿江近海，是长三角经济体的重要组成部分，也是国家推进“一带一路”和长江经济带建设的重要节点，站在中国东西双向对内对外开放的前沿。安徽既有得天独厚的地理条件，又有快速发展的营商便利。安徽省是中国高速铁路、高速公路最发达的省份之一，4E 级合肥新桥国际机场与世界很多城市开通了直航线路。“合新欧”国际货运班列成为连通亚欧大陆的重要物流工具。“安徽还是中国制造业的重要基地、新兴的制造业大省。”铜陵有色、海螺水泥亚洲第一、业内领军，江淮和奇瑞开创中国汽车自主品牌先河。在新一轮产业变革浪潮中，安徽省新型显示、新能源汽车、智能语音、机器人等战略性新兴产业也走在中国乃至世界前列。

一、安徽与“一带一路”沿线国家贸易发展概况

安徽省与“一带一路”沿线国家贸易发展呈现以下特征。

（一）贸易规模不断扩大

近年来，安徽省与“一带一路”沿线国家和地区的贸易发展呈现

良好态势，进出口总额持续增加，贸易规模不断扩大。如图 4 - 1 所示，安徽省与沿线国家和地区的进出口总额从 2010 年的 47.41 亿美元增长到 2016 年的 121.11 亿美元，增加了约两倍，年均增长 22.4%。其中，2012 年双方进出口总额突破 100 亿美元大关，达到 112.24 亿美元。七年间，2014 年进出口总额达到最高值 143.69 亿美元。2011 年和 2012 年进出口总额呈现出较高的年增长速度，分别为 46.53%和 61.59%。由于 2011 和 2012 年贸易基数较大，2013 年增速放缓。但是，2014 年增长速度又达到两位数，为 18.3%。2015 和 2016 年受全球经济大环境的影响，年增长速度减缓，出现了负增长。虽然安徽省与“一带一路”沿线国家的进出口总额年增长速度有较大起伏的变化，但是从量的趋势上看，整体呈明显的增长态势，规模扩大非常迅速。

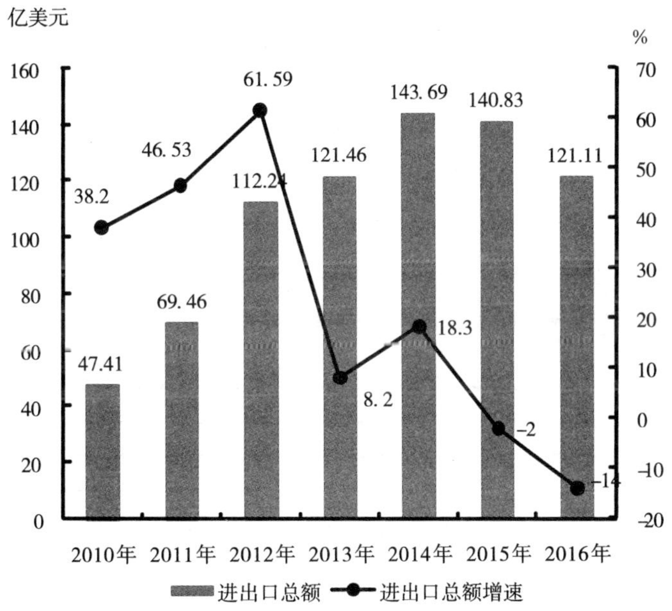

图 4 - 1　2010—2016 年安徽省与“一带一路”沿线国家贸易总额情况

（二）贸易顺差增长显著

由表 4 - 2 可见，2010—2016 年，安徽省对“一带一路”沿线国家的出口额均大于进口额，一直处于贸易顺差，而且顺差额呈现增长趋势，其中 2015 年的贸易顺差达到 80.67 亿美元，是 2010 年贸易顺差额的三倍多。贸易顺差给安徽省经济的增长带来了积极作用。

表4-2 2010—2016年安徽省与“一带一路”沿线国家贸易差额 单位：亿美元

年份	出口额	进口额	贸易差额
2010年	36.97	10.43	26.54
2011年	54.03	15.43	38.61
2012年	93.62	18.61	75.01
2013年	93.43	28.03	65.40
2014年	110.98	32.72	78.25
2015年	110.75	30.08	80.67
2016年	95.28	25.83	69.45

资料来源：《安徽省统计年鉴》。

（三）在安徽省对外贸易中的地位逐渐提升

目前，安徽省已形成遍布全球的多元化外贸市场，贸易伙伴达200多个国家或地区。虽然美国、欧盟等发达国家是安徽省对外贸易的主要对象，然而与“一带一路”沿线国家的进出口总额也在不断增长。2010年至2016年，安徽省与“一带一路”沿线64个国家的进出口总额在安徽省当年贸易总额中所占比重从19.53%增加到27.29%，其中2014年达到29.16%；“一带一路”沿线国家在安徽省对外贸易中的地位整体呈现上升趋势。

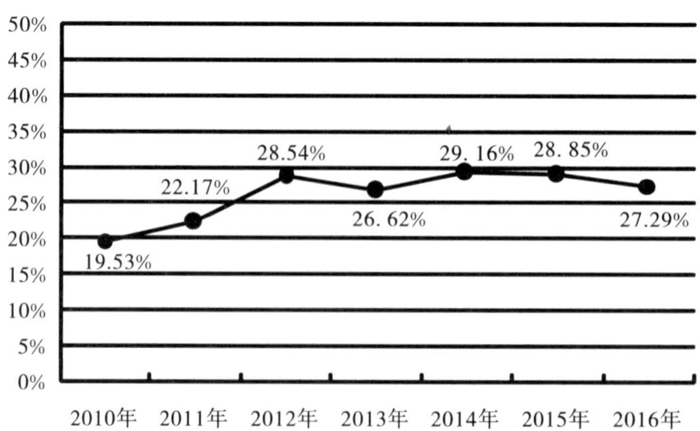

图4-2 2010—2016年安徽省与“一带一路”沿线国家贸易额占安徽省贸易总额比重

根据《安徽省统计年鉴》数据显示，2016年安徽省在“一带一路”沿线国家的贸易总额为121.11亿美元，其中出口总额为95.28亿美元，进口总额为25.83亿美元。2016年安徽省与“一带一路”沿线国家的前五大贸易伙伴为印度、马来西亚、越南、伊朗和印度尼西亚，其与安徽省的进出口总额分别为13.51亿美元、12.62亿美元、11.13亿美元、9.7亿美元和7.62亿美元；占当年与“一带一路”沿线国家贸易总额的45%。

（四）商品结构不断优化

安徽省与“一带一路”沿线国家的进出口商品结构不断优化。出口商品结构方面，安徽省出口到“一带一路”沿线国家的主要是纺织服装、机电产品、工业制成品和高新技术产品，传统劳动密集型产品出口下降。2015年机电产品出口达371.9亿元，逆势增长9.8%。同时汽车及零部件、光伏产品和家用电器在“一带一路”沿线国家所占的出口份额不断增加，并支持和推动一些战略新兴产业出口到“一带一路”沿线国家，参与国际市场竞争，如新能源汽车、新材料、高端装备制造、电子信息、生物和节能环保等产业。进口方面，安徽省主要从“一带一路”沿线国家进口初级产品和农产品。“一带一路”沿线国家拥有丰富的资源，西亚北非和俄罗斯等拥有丰富的石油和天然气，不断扩大来自这些国家和地区的资源进口。

二、安徽对“一带一路”沿线国家投资概况

安徽省地处中部，其对外投资的步伐迟于东部发达省份，投资规模和水平有限。近年来，安徽省对外投资也取得了一定的成效。2016年，安徽企业对外投资合作实现历史性突破，全年对外实际投资达到12.4亿美元，同比增长28%。其中，年度对外实际投资额首次突破10亿美元，创历史新高。国家“一带一路”倡议的提出，为安徽企业“走出去”提供了更加广阔的空间，促进更多安徽优秀企业“走出去”。安徽对“一带一路”沿线国家投资保持了较快增长。

（一）“走出去”规模

近年来，安徽省对“一带一路”沿线国家的投资整体波动较为明显，如图4-3所示。2011年安徽省对“一带一路”沿线国家协议投资额达到近六年的最高值38936万美元，2012年和2013年协议对外投资

额急剧下降，降至 2013 年的谷底 339 万美元。2013 年至 2016 年安徽省对“一带一路”沿线国家的协议对外投资额触底反弹，并持续增加，2016 年达到 35128 万美元。与此同时，安徽省对“一带一路”沿线国家的实际对外投资额也呈现阶梯式增长态势，由 2013 年的 20 万美元飙升至 2015 年的 12597 万美元，2016 年受全球经济复苏放缓及贸易保护等因素影响，实际对外投资额出现明显下降，降至 6649 万美元。

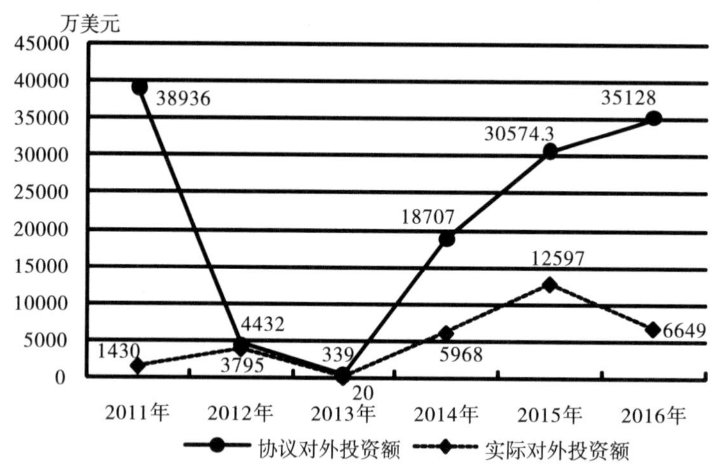

图 4-3 2010—2016 年安徽省对“一带一路”沿线国家投资额

对外承包工程和对外劳务合作是安徽省实施“走出去”战略的重要举措，在促进安徽省与“一带一路”沿线国家的投资合作方面发挥了重要的促进作用。安徽省劳动力资源丰富，“一带一路”沿线国家是安徽省对外承包工程和劳务输出的重要区域。近几年，安徽省对“一带一路”沿线国家的承包工程和劳务合作规模也在不断扩大。

安徽省对“一带一路”沿线国家工程承包总体是在波动中上升，如图 4-4 所示。2011 年安徽省与“一带一路”沿线国家新签承包工程合同额为 7.359 亿美元，占同期安徽省新签承包工程总额的 38%；2012 年有所上升，2013 年下降明显，降至 4.52 亿美元；2014 年和 2015 年与“一带一路”沿线国家新签合同额持续上升，2015 年达到 15.26 亿美元，占同期总额的 49.7%，较上年增长 36%。2016 年，安徽省对外承包工程企业在巩固传统市场的同时，签订了蚌埠国际中非机场、中交二航局四公司黑山高速公路等项目，全年新签对外承包工程合同额11.074亿美元。2011年至2016年，安徽省与“一带一路”沿线国家承包工程完成营业额保持平缓上升趋势，如图4-4所示，由2011年的4.511亿美元增加至2016年的10.188亿美元。

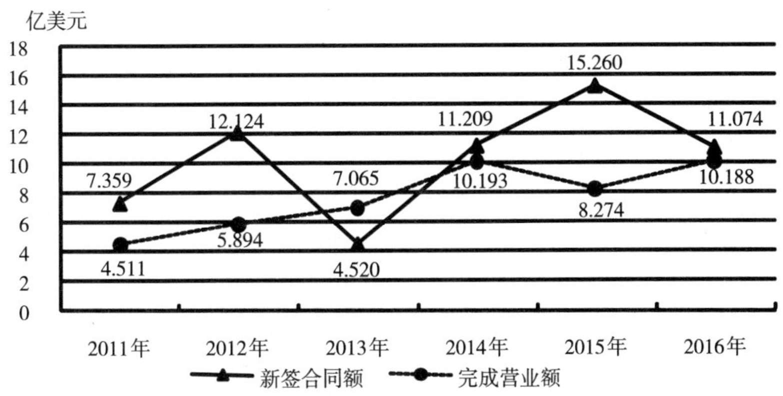

图4-4　2010—2016年安徽省与“一带一路”沿线国家承包工程情况

安徽省与“一带一路”沿线国家的劳务合作总体上呈波动上升趋势，见表4-3所列。2011年外派至“一带一路”沿线国家的劳务人数2011年为3706人，占同期总人数的27.3%；2013年最多时为7435人，占比为59.33%；2016年外派劳务下降至5627人，占比为56.02%。年末在“一带一路”沿线国家的人数方面，2013至2015年均超过1万人，2014年最多为11909人；占同期总人数比重方面，2013至2016年都超过45%，2014年为48.2%。

表4-3　2011—2016年安徽省与“一带一路”沿线国家劳务合作情况

年份	外派劳务		年末在外	
	人数	占比	人数	占比
2011	3706	27.30%	5879	28.13%
2012	6540	48.92%	9001	37.90%
2013	7435	59.33%	10327	47.69%
2014	7317	51.75%	11909	48.20%
2015	5085	48.43%	10961	46.27%
2016	5627	56.02%	9070	47.25%

资料来源：《安徽统计年鉴》。

（二）“走出去”区位

近年来，安徽企业“走出去”的规模越来越大，范围也越来越广，如图4-5所示。2011年至2016年，安徽省新批境外企业数不断增加，2011年为42个，2014年达到100个，2015和2016年均超过100个，分别为133个和121个。2011年安徽在“一带一路”国家设立境外企业仅4家；2012年增加到15家，增长了近4倍；至2015年一直保持增长态势，2015年达到27家，增长17%。2016年，美国是安徽企业对外投资的第一大目的地，在美国设立境外企业22家；中国香港紧随其后，共21家；在“一带一路”国家设立境外企业共21家。“一带一路”沿线国家成为安徽省“走出去”的重点目的地。

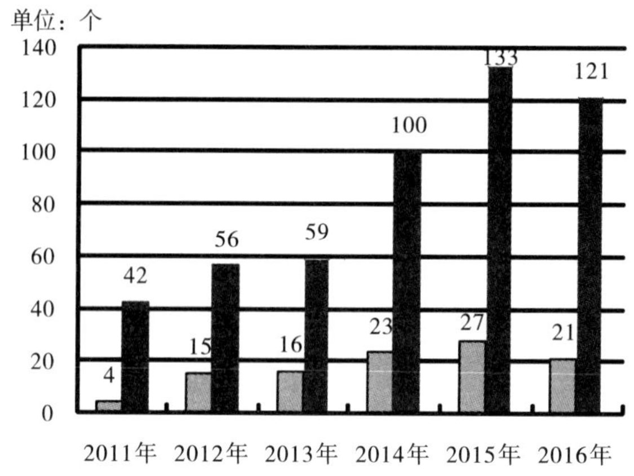

图4-5　2010—2016年安徽省新批境外企业数情况

从安徽“走出去”企业在“一带一路”沿线国家的布局看，大多集中在东南亚和南亚，见表4-4所列。2011年安徽省新批在“一带一路”沿线国家的4家企业都在东南亚地区；2012年的15家企业有7家在东南亚，2家在南亚；2013年的16家中有12家在东南亚；2014年的23家中东南亚15家，南亚3家；2015年新批企业最多为27家，其中20家在东南亚和南亚。2014年以来安徽省新批在“一带一路”沿线国家企业的分布范围较广，涉及“一带一路”沿线的五个区域。目前，安徽省外经集团、马钢集团、海螺集团、丰原集团、省能源集团和江淮汽车等已经在伊朗、印度尼西亚、土耳其、印度、越南、孟加拉国、匈牙利、俄罗斯、哈萨克斯坦等多个沿线国家投资项目。2017年上半年，安徽省共在印度尼西亚、越南、缅甸、俄罗斯等11个“一带一路”沿线国家投资5869万美元，同比增长99%。主要项目包括海螺水泥南加里曼丹、北苏海螺、伏尔加海螺、缅甸海螺项目，安徽比特矿山工程有限公司俄罗斯远东项目，安徽龙磁科技股份有限公司越南项目等。

表4-4　2011—2016年安徽省新批在“一带一路”沿线国家企业分布表　单位：个

年份	东南亚	南亚	东欧	西亚北非	中亚	东亚	企业数合计
2011	4	0	0	0	0	0	4
2012	7	2	5	1	0	0	15
2013	12	0	3	1	0	0	16
2014	15	3	2	2	1	0	23
2015	13	7	0	3	2	2	27
2016	10	7	2	1	0	1	21

资料来源：《安徽统计年鉴》。

（三）“走出去”主体与行业

安徽省切实加强与沿线国家的务实合作，支持企业参与国际产能合作、装备制造合作和海外并购。在“一带一路”沿线国家，安徽“走出去”主体呈现出多元化的发展趋势，既有资本优势明显的大型国有（或国有控股）企业，也有技术创新显著的民营企业。相关部门成立了“先进制造业产业合作发展联盟”“工程总承包产业联盟”“外部煤炭资源产业合作开发联盟”等7大产业联盟，涉及安徽大型国有企业80多家，形成了以大型国有企业为龙头、相关国有企业“抱团出海”的基本态势。如铜陵有色、海螺水泥、安徽省农垦集团、奇瑞汽车、江淮汽车、省外经建设集团、丰原集团等。奇瑞、海螺等工业企业和农垦、丰原等农业企业已经成为安徽“走出去”的名片。江淮汽车深耕“一带一路”市场，先后在沿线国家建立10多个分公司和组装工厂，实现了从单一输出产品向综合输出技术、管理、资本、品牌的转变。

此外，随着安徽民营经济的迅速发展，中鼎股份、海润光伏、鸿润集团、新长江集团等一批民营企业不断加大了“走出去”的力度，并表现出日益增强的投资活力，是安徽省在“一带一路”沿线投资的生力军。在2016年新批的121家境外企业中，民营企业有106家，占总数的87.6%；在发生实际对外投资业绩的99家企业中，民营企业就有78家，占总数的78.8%。

安徽在境外设立工业园区，以大型国有企业为龙头，带动中小配套企业入驻园区，形成产业链，共同发展。目前，融入“一带一路”建设的工业园区有外经集团莫桑比克贝拉工业区、农垦集团津巴布韦合作园区、海螺印尼水泥工业园、奇瑞汽车巴西汽车工业园和柬埔寨滨海经济特区等境外工业园区，积极推动家电、汽车及零部件、工程机械、钢铁、建材、能源、建筑、农业等行业优势企业扩大对外投资合作。

三、安徽吸收“一带一路”沿线国家投资概况

安徽省吸收外资工作起步较晚，利用外资的基础较薄弱。然而近年来，安徽省抓住国家促进中部崛起的战略机遇，并在皖江城市带承接产业转移示范区和合芜蚌自主创新示范区等战略的共同推动下，吸引了大量有实力的国外企业来皖投资，安徽省利用外资呈现持续增长的态势。

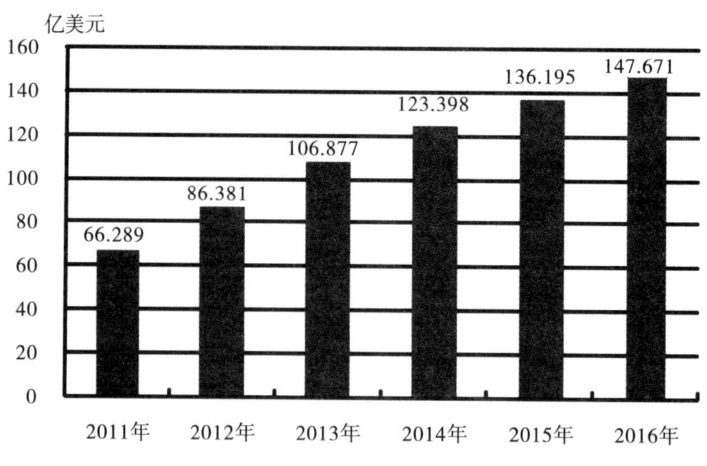

图4-6 2011—2016年安徽省实际利用外贸额

2011年安徽省实际利用外资额为66.289亿美元；2012年为86.381亿美元，同比增长33%；2013年安徽省实际利用外资额首次突破100亿美元，达到106.877亿美元，进入全国第一方阵；2014—2016年继续保持增长，2016年实际利用外资额为147.671亿美元。此外，截至2017年3月，共有77家境外世界500强公司在安徽累计设立了137家企业，累计批准设立外资企业超过1万家，累计利用外资近930亿美元。安徽省利用外资水平的提升促进了安徽省整体经济社会的发展。安徽省外商直接投资主要来源于亚洲、欧洲、北美洲、大洋洲等发达国家和地区，中国香港一直是安徽省外资来源最多的地区，2016年实际吸收中国香港直接投资为82.61亿美元，占当年安徽省实际利用外资总额的56%。2016年，安徽新引进“一带一路”沿线国家投资企业13家，同比增长8.3%；实际吸收沿线国家直接投资7.6亿美元，同比增长6.9%，占当年安徽省实际利用外资总额的5.15%。

安徽省在吸收外资规模不断扩张的同时，外商投资的结构也不断优化，由传统制造业逐步拓展到高端制造业、高新技术、现代农业、交通、商业等领域，战略性新兴产业利用外资占比稳中有升，实现规模和质量的全面提升。“一带一路”沿线国家大多数是发展中国家，经济发展水平较低，产业发展水平相对偏低，从“一带一路”沿线国家“引进来”的产业与安徽省重点发展产业的契合度不高，很难满足安徽省产业结构优化升级的需求。

第二节　安徽与“一带一路”国家间经贸合作存在的问题

“一带一路”倡议提出4年多来，已成为推动经济全球化健康发展的新引擎，为“十三五”时期安徽经济社会发展带来了大机遇。安徽省初步具备了进一步开展合作、全面参与“一带一路”建设的基础条件，充分发挥区位和资源优势，在“一带一路”建设中发挥了积极的作用，未来发展前景良好。但是在参与“一带一路”建设方面还存在一些问题和障碍，主要表现在：

第一，经贸发展规模有限，有待进一步扩大。自 2011 年以来，中国与“一带一路”沿线国家进出口贸易整体呈现上升态势，2016 年中国与沿线国家贸易总额约为 9535.9 亿美元，占中国对外贸易总额的比重达 25.7%，较 2015 年上升了 0.4 个百分点。在全国省市层面，中国东部沿海地区，如广东、江苏、浙江、上海和北京，其与沿线国家贸易规模大、贸易商品广，所占比重较大；安徽省与“一带一路”沿线国家贸易合作体量还不够大，处于全国中下游，其与沿线国家贸易总额在中国与沿线国家的贸易总额中所占比重较低。2015 年比重最高，为 1.404%，2016 年较 2015 年有所下降，为 1.27%，如图 4-7 所示。2014—2016 年，中国企业在“一带一路”沿线国家对外直接投资超过 500 亿美元；在沿线国家新签对外承包工程合同额 3049 亿美元，中国企业先后在沿线 20 个国家建设了 56 个境外经贸合作区，累计投资超过 185 亿美元，为东道国创造了超过 11 亿美元的税收和 18 万个就业岗位。安徽省总体上开放程度还不足、开放力度还不够、开放带动力还不强，在“一带一路”沿线国家投资规模有限，安徽省应逐步调整产业结构，深化优势产业发展，深入参与到“一带一路”的建设中。

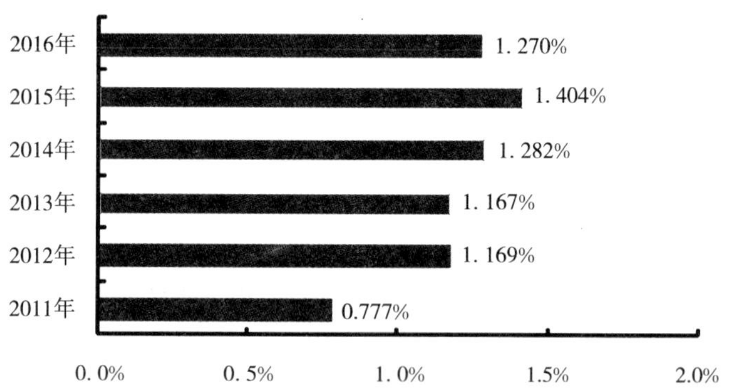

图 4-7　安徽省与“一带一路”沿线国家贸易额占中国与“一带一路”沿线国家贸易总额比重

第二，市场风险影响双方经贸合作。“一带一路”沿线绝大多数是发展中国家，经济发展较为落后，经济稳定性较差，普遍存在较高的市场风险；沿线国家多处于地缘政治敏感区和风险集中带。安徽省与“一带一路”沿线国家的经贸合作，无论是贸易还是投资，高风险或不确定性的存在都会影响相互的经贸关系。世界银行发布的《营商环境报告》显示，“一带一路”沿线国家的营商环境，排名较高的只有中东欧国家，其余沿线国家的营商环境普遍排名较低。“一带一路”沿线国家中，将近三分之一的国家存在较高的风险水平，包括政治风险、经济风险、法律风险和商业环境风险等。东南亚和南亚是安徽省与“一带一路”沿线国家进行贸易的主要伙伴，也是安徽省在“一带一路”沿线“走出去”的重要区域。这些区域中除新加坡经济发展水平较高，政治相对稳定，投资受阻程度很低；其他部分国家地缘政治复杂，政权更迭频繁，政府效能低，政治风险较高，偿债能力也较低，投资风险较高。只有破除各类市场风险，安徽省参与“一带一路”建设的市场主体才能主动开展与“一带一路”沿线国家的经贸合作。

第三，沟通障碍影响建设成效。“一带一路”合作的重点就是“五通”，即：政策沟通、设施联通、贸易畅通、资金融通和民心相通。民心相通是“一带一路”建设的社会根基。目前，安徽与“一带一路”沿线国家在通道建设、经贸合作、文化旅游、外事交往等方面已取得显著成果。中欧班列（合肥—汉堡）、铁海联运等开通运营，构筑了新时代对外开放的大通道；皖江示范区、合肥跨境综试区等获批建设，构筑了相对完备的开放大平台，为安徽深度参与国际分工合作带来广阔的市场空间，为“一带一路”建设注入源源不断的徽商动力。但是，大部分安徽企业对“一带一路”沿线国家或地区认识上还存在隔膜，对“一带一路”沿线国家的政策法律、投资环境和风俗等相对陌生，缺乏系统的信息渠道，从而限制了参与“一带一路”建设的广度和深度，并在一定程度上影响安徽省参与“一带一路”建设的成效。此外，虽然安徽具有悠久的对外商贸和文化交往传统，明清时期徽商足迹遍及日本、朝鲜、东南亚甚至远及西欧，所经营的茶叶、棉布、纸张等远销欧亚非各地，但是，当前“一带一路”沿线国家对安徽企业了解有限，制约了“走出去”的步伐和效果。

第四，所需各种专业人才欠缺。深入参与“一带一路”建设，人才是关键。“一带一路”沿线国家众多，各国在政治制度、文化制度、宗教信仰、法律体系等方面存在较大的差异，再加上国际环境多变、区域状况复杂，所遇到的难题也是层出不穷。这就需要一批致力于对外实践的复合型人才，即具备专业的经贸管理知识和操作能力，通晓当地语言，熟知当地法律法规，了解当地文化和风俗习惯等。只有具备人才条件，安徽企业“走出去”才具备强大的智力支持，安徽省参与“一带一路”建设才能深入。安徽省在开放型经济发展过程中也注意人才的培养和吸引，但是主要是针对发达国家市场，真正了解“一带一路”沿线国家基本国情的人才十分短缺，例如外语小语种翻译人才，熟悉沿线国家法律人才等。这些都将阻碍安徽与“一带一路”沿线经贸合作，投资项目引入与输出、产品的出口受到限制，丧失许多发展机遇。要想解决好人才问题，必须明确安徽省当前人才队伍面临的问题。相对于东部沿海发达省份，安徽省人才引进政策吸引力度不够。另外，安徽省虽然拥有几所知名高校，但是所培养的高端人才不足，又缺乏留住人才的政策，都导致出现“一带一路”建设所需人才的较大缺口。

第三节 深化安徽与“一带一路”沿线国家经贸关系的政策建议

回望改革开放历程，安徽今天发展的大好局面得益于开放；未来发展，也必须坚定不移地依靠开放。站在历史发展的新起点，安徽充分发挥自身区位、产业和科技优势，积极参与“一带一路”建设，坚持“引进来”“走出去”并重、国内国外两个市场并举，加快出省出国出海，交往交流交融，合作越来越广泛，与世界200多个国家和地区进行贸易的往来，在经贸、教育、科技、文化、卫生、旅游等领域合作不断巩固扩大，安徽发展与世界紧密相连。随着“一带一路”建设从顶层设计转入深耕细作，安徽省必须抢抓国家新一轮开放发展机遇，参与“一带一路”建设，进一步强化大开放意识，坚持大开放战略，营造大开放环境，构筑开放大格局。要着力练好“内功”，加快发展高端化的外向型产业集群、加快构建高质量的双向开放格局、加快打造高水平的对外开放平台、加快形成高效率的开放体制机制，推动全省开放型经济发展争先进位，奋力走在内陆省份前列。作为一个中部内陆省份，安徽省曾多次与国家开放政策的“东风”失之交臂，与东部沿海省份相比，开放型经济发展的差距不断拉大。若想实现后发赶超，安徽省需要深度参与“一带一路”建设。

一、抢抓战略机遇，放大政策效应

积极对接国家“一带一路”倡议，高效发挥国家政策效应，设计出合理有效的地方政策。首先，要用足、用好国家“一带一路”相关政策。积极争取中央在财政、税收、金融方面的支持。落实国家相关优惠政策，对投资新区域和新领域、带动相关产业“抱团”出海的重点企业，给予政策和资金支持。亚洲基础设施投资银行与“丝路基金”是“一带一路”倡议背景下成立的两个专项金融服务组织，在对接“一带一路”中要充分借助两者的资金支持。其次，要围绕对接“一带一路”出台相关配套政策。省财政可以设立专项资金，支持和推动基础设施和平台建设，促进外贸发展，鼓励企业“走出去”和“引进来”，大力开展对外合作和交流。引导传统企业试水跨境电商，借力信保工具，助推外贸整体转型升级、创新发展。再次，鼓励金融机构为企业“走出去”创新金融产品，探索境外资产、境外应收账款、出口退税单等融资抵押方式。由于“一带一路”沿线部分国家政策环境不稳定，市场规范化程度相对较低以及政治制度和宗教文化差异，企业对外投资存在一定风险。要鼓励政策性保险机构、商业性保险机构为安徽企业的海外投资、国际项目合作等提供信用保险，防控投资风险。

着力机制创新，营造良好政策环境。一是创新地方政府合作机制。大力发展友好省州经贸合作伙伴关系，积极与重点沿线国家驻华使领馆签署“一带一路”经贸合作备忘录。二是促进投资贸易便利化。积极推广上海自贸区的改革措施，建立安徽与沿线国家贸易投资合作“项目清单”。加快国际贸易“单一窗口”建设，建立沿线国家贸易投资合作“出入境绿色通道”。三是创新金融支持平台。积极搭建金融机构与企业对接平台，协助推动建立安徽“一带一路”融资担保平台，加强与丝路基金的沟通联系，加大企业参与“一带一路”建设的融资支持力度。

二、创新平台体系，优化政府服务

深度参与“一带一路”建设，政府不仅要当好引路人、推动者，还要做好服务。为此，政府应该搭建各类服务平台，贡献安徽智慧和安徽方案，释放经济的开放效应。一是要搭建省级“一带一路”综合信息服务平台，及时为企业提供公益性服务。畅通信息汇总和分享渠道。二是要完善外贸综合服务平台，为中小外贸企业提供外贸全供应链服务。鼓励外贸服务综合平台进行创新提升。在进出口两个环节着力完善平台的服务功能。三是要大力培育服务于“走出去”企业的资产评估、法律服务、会计服务、投资顾问、设计咨询、风险评估等相关中介机构。支持相关行业商（协）会积极发挥服务作用。四是要积极搭建展会平台，组织全省外贸企业参加境内外国际性展会。积极承办国际性展会，探索开拓中东、非洲、中亚地区市场机会。

构建多种平台，鼓励各地全面对接。一是推进各类开发区开放合作。鼓励合肥、芜湖等地有条件的各类园区，与沿线国家政府、开发区、战略投资者合作共建产业园区和合作联盟。积极拓展海关特殊监管区功能，推进境外经贸合作区建设。二是推进国际会展平台建设。精心打造一批自主展会，组织参加东盟博览会、南亚博览会等国际国内重点展会。三是发挥合肥的省会优势。积极复制和推广上海自贸区经验，争创合肥国家自由贸易实验区；推动“合新欧”货运班列继续向西延伸。争取更多项目成为“共建科技合作中心”等“一带一路”优先推进项目。四是发挥沿江航运优势。加强芜湖、马鞍山等沿江港口与上海、宁波等沿海港口合作，打造安徽对接“一带一路”建设的示范区；加快发展马钢轨道交通材料和装备、铜陵有色铜基复合材料、安庆石化化工新材料等产业，强化“一带一路”项目库建设。五是针对安徽高新技术产业、生产性服务业“走出去”很少的现状，相关部门应当进行细致调研、摸清家底、逐渐培养、重点帮扶，并在信息共享、市场背景、项目对接、风险防控、中介服务等方面，为企业提供更丰富、更快捷、更专业、更精准的优质信息，畅通信息汇总和分享渠道，进一步协同行动，把安徽与“一带一路”沿线国家或地区的合作推向深入。

三、探索联动机制，拓展开放格局

在经济全球化时代，各国各地发展环环相扣。加强协调合作、实现联动发展是安徽省深度参与“一带一路”建设、探索经济新动能的必经之路。一是与“一带一路”节点省份建立高效联动协调机制，培育安徽良性商业生态系统。深化与长三角区域合作，推进产业和市场的一体化发展。提高口岸对外开放能力，共同提升长江、淮河上下游运输能力。加强与沿海、沿边、沿江城市的口岸通关合作。二是要积极与国际组织、外国（地方）政府、境外商（协）会加强交流合作，建立对话磋商机制和交流制度。邀请国内专家和企业界有经验的人士进行培训，客观、全面地了解和认识相关国家，从心理上“走出去”。三是要深挖与“一带一路”沿线友好省份、经贸伙伴城市的合作潜力，建立有效衔接机制。依托新亚欧大陆桥经济走廊节点城市，物色有实力、互补性强的城市发展友好城市和友好交流关系。深化与俄罗斯特别是伏尔加河沿岸联邦区合作。

注重人文先行，着眼于长远，深化与沿线国家交流与合作。一是提升教育交流合作水平。推进安徽高校与沿线国家尤其是国际友好城市之间，开展校际交流合作。支持省内高校到沿线国家创办孔子学院、合作办学，选派华文教师赴海外任教等。二是精心组织文化交流活动。定期在沿线国家举办“安徽文化周”，拓展面向东南亚、中西亚及中东欧文化市场。要利用“徽商大会”品牌影响力，定期在沿线国家举办，组织实施好“丝路书香”工程。三是支持旅游交流合作。协助搭建旅游商品国际展会平台，推出一批具有安徽特色的旅游商品。

四、讲好安徽故事，推进产业合作

产业合作可以加快安徽省产业转型升级，打造具有国际竞争力的现代产业体系，进一步夯实对接“一带一路”的产业根基，是深度参与“一带一路”建设的核心和关键。要借助“一带一路”倡议，通过讲好安徽故事，实现自主品牌走出去。安徽拥有为数不少的自主品牌企业，与“一带一路”沿线国家的同行业企业相比，其产品在价格和技术上具有相当大的比较优势。

借助“一带一路”平台，发挥优势企业的示范引领作用，促进皖企和徽商“走出去”，实现自主品牌“走出去”。安徽拥有为数不少的自主品牌，如科大讯飞、美亚光电、奇瑞汽车、江淮汽车、丰原生化、海螺水泥等。这些品牌，有的已经在国际市场上获得了竞争优势，但大多数与发达国家同行业相比，仍处在弱势地位，对外推广难度大。这些企业与“一带一路”沿线国家相比，在价格和技术上具有相当大的比较优势，借助“一带一路”倡议，帮助这些企业“走出去”，支持江淮、奇瑞等汽车企业开发俄罗斯和中亚市场，海螺在缅甸、老挝等东南亚国家全面布局。优势企业的引领将会加速其他企业发展，取得新业绩，助力安徽“走出去”再创新优势。

加快安徽省国家级、省级开发区向质量特色型转变，充分利用国外市场和资源，改造提升化工、食品、纺织等传统产业，做大做强电子信息、装备制造、新材料、新能源、生物医药等主导产业。聚焦信息、能源、健康、环境四大领域，统筹基础研究、前沿高新技术、战略性工程技术，提升现有同步辐射、全超导托卡马克和稳态强磁场等大科学工程性能和开放度，力求催生一批变革性技术，努力形成一批支撑创新发展的技术产业成果。以境外直接投资、对外承包工程、出口和技术合作等形式，推动这些产业走出去，培育一批具有国际竞争力和市场开拓能力的企业。

服务业正成为国际产业转移的新热点，积极发展开放型现代服务业，放宽服务业外资准入，大力引进和发展工业设计、现代物流、电子商务、金融保险、服务外包等生产性服务业，以及满足居民消费升级需求的家庭服务、健康养老、文化教育、娱乐休闲等生活性服务业。依托新亚欧大陆桥经济走廊，加强与沿线国家的物流合作，重点发展多式联运和物流体系，加强与沿线国家铁路公司的信息交换和对接，动态掌握中欧班列全程运行信息。

注重示范引领，促进皖企和徽商“走出去”。一是推动优势企业对外投资。支持江淮、奇瑞等汽车企业开发俄罗斯和中亚市场，海螺在缅甸、老挝等东南亚国家全面布局，皖能集团在印度、印尼、越南等地扩大项目建设成效。二是推动境外资源合作利用。鼓励矿产地质勘查企业联合赴目的地国家勘探开发资源，支持马钢在马来西亚等沿线国家开展矿山设计、项目建设和矿权收购，铜陵有色赴南亚、东南亚等地区进行资源勘探开发。三是推动境外农业合作开发。支持省农垦集团赴东南亚、中亚、中东欧等地区开展粮食、蔬菜、种业、农产品加工等领域合作。四是推动工程项目融资创新。鼓励外经建设集团、水安建设等企业，参与“一带一路”国家重大基础设施建设。

五、延揽高级人才，占领创新高地

加快建立适应“一带一路”建设需要的高素质人才队伍，加强人才培养和国际交流合作。培育和壮大高素质的开放型人才群体，应当成为安徽省进一步发展开放型经济的战略要务。加强对“一带一路”沿线国家国别域情的研究人员、专业技术人才和外语人才的培养，鼓励民间教育力量创办“一带一路”沿线国家小语种基地。

延揽更多高层次人才，鼓励企业主动参与国际竞争与合作，积极在海外建立研发中心，继续抢占科技创新制高点。与“一带一路”国家名校加强在科研创新、人才培养等方面合作。安徽省应研究、制定和发布有效的招才引智政策，推动科技创新的重大平台和良好环境的形成，刺激各国专家学者通过多种形式积极参与和支持安徽创新发展。面向国内外引进高层次人才和顶尖团队来安徽创业，深入实施国家“千人计划”“长江学者奖励计划”“皖江学者计划”等高端人才项目。激励各路英雄豪杰来安徽发展，包括优秀的企业家、创业者、研发设计者，通过人才促产业发展。切实加强人才资源建设，广纳贤才、人尽其才、把优秀人才集聚到发展开放型经济的事业中来。不断创新机制。大胆使用开放意识浓、创新精神足、开拓能力强的优秀人才，充分开发挖掘现有的人才智力资源，增强安徽省扩大对外开放的核心竞争力。

做好安徽宣传推介活动，树立安徽良好形象，使得海外高层次人才充分认识到安徽机遇，主动发挥聪明才智，以各种适合形式参与安徽科技创新和经济建设，为加快打造内陆开放新高地、建设五大发展美好安徽注入新的动力。

六、加快通道建设，提升连接能力

着力推动陆上、海上、天上、网上四位一体的联通。一是拓宽陆上通道。发挥“合新欧”国际货运专列重要作用，实现中亚、中东欧及东南亚等沿线国家铁路互联互通。二是拓宽海上通道。深化与上海港、宁波港、南京港联运合作，加快芜马组合港、合肥、蚌埠、安庆等航运枢纽建设，重点将芜湖港打造成长江中下游上海重要喂给港和集装箱中转港。三是拓宽天上通道。发挥合肥区域性航空中心优势，加密开通“一带一路”沿线航班，加快推进合肥空港经济示范区建设。四是拓宽网上通道。加强电子口岸服务平台建设，主动参与长三角、珠三角、海西经济区信息共享平台建设，推动通关便利化，并发展跨境电子商务。

需要突出重点国家，拓展经贸互通领域：一是扩大重点国家进出口贸易。针对沿线国家人口众多，对食品、轻工产品、电子产品等需求量大的特点，推动优势产品“走出去”。针对沿线国家橡胶、原油、农产品等资源丰富的特点，扩大进口贸易。二是扩大在重点国家（区域）的投资。加快推进海螺水泥、省能源集团、交通控股集团等合作项目建设，扩大合作领域。三是扩大重点国家工程合作。发挥安徽水利、电力、交通运输、矿山建设等方面优势，加强工程建设合作。

第五章　安徽商贸流通业发展总体评价

十九大报告指出，我国经济已由高速增长阶段转向高质量发展阶段，正处在转变发展方式、优化经济结构、转换增长动力的攻关期。十九大报告中多次提及消费，包括“在中高端消费、创新引领、绿色低碳、共享经济、现代供应链、人力资本服务等领域培育新增长点、形成新动能”“完善促进消费的体制机制，增强消费对经济发展的基础性作用”。商贸流通业是决定经济运行速度效益的引导性力量，有助于协调各行业各地区的经济发展，是促进消费升级最重要、最直接的力量。近年来，安徽省商贸流通业总体发展稳定，消费市场、电子商务、物流设施、农产品流通等发展迅速，但也存在着许多较为突出的问题，如何增强消费对安徽经济发展的基础性作用，商贸流通业大有可为，任重而道远。

第一节　安徽商贸流通业发展现状分析

一、安徽商贸流通业发展的主要成就

（一）消费市场增长较快，乡村市场持续活跃

2016 年全省实现社会消费品零售总额 10000.2 亿元，首次突破万亿元大关，同比增长 12.3%，高于全国 1.9 个百分点，居全国第 4 位、中部第 1 位。安徽积极推进供给侧结构性改革，持续扩大消费需求，消费品市场规模扩大、增速加快。2016 年，增长速度不断加快，零售总额的涨幅逐渐升高；城乡之间的消费品市场协调增长，城镇社会消费品零售总额为 8064.7 亿元，乡村社会消费品零售总额为 1935.5 亿

元，乡村的增长速度大于城镇增长速度；餐饮收入和零售收入增长速度比2015年都有所上升；在限额以上单位商品零售中，家具类和建筑装潢类增速较快，分别增长20.3%和13.4%。2016年全省限额以上消费品零售额5040.9亿元，同比增长11.6%，高于全国3.5个百分点；限额以上批发零售、住宿餐饮业8714家，从业人数达到501441人；连锁经营限额以上批发零售业门店总数达9664个，限额以上住宿餐饮门店数有690个。

2017年1—11月，全省限额以上消费品零售额4975.8亿元，增长11.7%，比全国高3.4个百分点；城镇限额以上消费品零售额4845亿元，增长11.6%；乡村市场活力进一步显现，实现零售额130.8亿元，增长14.7%。2017年安徽省全年社会消费品零售总额11192.6亿元，比上年增长11.9%。按经营地统计，城镇消费品零售额9009.4亿元，增长11.7%；乡村消费品零售额2183.2亿元，增长13%。按消费类型统计，商品零售额9967.4亿元，增长11.8%；餐饮收入1225.2亿元，增长12.6%。

（二）网上零售发展迅猛，农村电商成绩显著

近5年来全省网络零售额年均增长40%以上，成为推动全省消费增长的主要动力。2016年全省电子商务交易额达到8000亿元，其中网络零售额达到1094亿元，同比增长66%。实物商品网上零售额732.3亿元，增长44.6%，实物商品网上零售额占社会消费品零售总额7.3%，对社会消费品零售总额增长的贡献达23.3%。限额以上企业网络零售额增长迅猛，全省限额以上单位共实现网上商品零售额220.2亿元，同比增长68.4%，其中有27家网上商品零售额超1亿元。2017年安徽省商务厅评选2016—2017年省级电子商务示范区26家、电子商务示范企业57家。

安徽省商务厅2016年底联合京东集团举行“齐聚安徽·共赢京东”安徽商品网上行对接会，借助京东平台、京东物流，京东商学院以及京东云，帮助安徽电商产业与实体产业共同发展，引导安徽龙头产业转型升级，打造安徽制造、安徽品牌和安徽品质；借助京东县域电商3F战略，推进安徽省29个特色馆建设，营造安徽各城市地标、

县域公共品牌，打造线上线下一体的地方特色产业。2017 年 1—11 月，全省限额以上网上商品零售额 274.8 亿元，增长 37.3%，比全省限额以上消费品零售额高出 25.6 个百分点，占限上零售额比重为 5.5%。2017 年全省纳入统计的 569 家开展网络零售业务的限额以上企业，实现网上零售额 314 亿元，增长 39.4%。

根据省委省政府印发的《关于推进“电商安徽”建设的指导意见》，将加快推进农村电子商务发展，鼓励各类市场主体拓展适合网络销售的农产品、农业生产资料、休闲农业等产品和服务，引导电子商务企业与新型农业经营主体、农产品批发市场、连锁超市等建立多种形式的联营协作关系，拓宽农产品进城渠道，鼓励电子商务企业拓展农村消费市场，形成农产品进城与农资和消费品下乡双向流通格局，培育发展一批电子商务特色小镇和“电商村”。第三次全国农业普查数据显示，2016 年末全省 34.8%的村有电子商务配送站点，有 1846 个规模农业经营户和 2375 个农业经营单位通过电子商务销售农产品。2017 年电子商务进农村综合示范工作取得可喜进展，如全国第三批电子商务进农村综合示范县霍邱县，2017 年全县电子商务交易额达 17.86 亿元，增长 59.48%，其中网络销售额 4.67 亿元，增长 55.5%，农产品网销实现 2.98 亿元，增长 248%。

（二）物流设施逐渐完善，促进实体经济发展

2016 年末全省高速公路通车里程达 4543 公里。合肥新桥国际机场为国内 4E 级枢纽干线机场。安徽省将加快建设一批综合物流枢纽和示范物流园区，加强与交通基础设施配套衔接的物流基础设施网络建设，重点在合肥、安庆、阜阳、马鞍山、芜湖、蚌埠等重要物流节点，加快布局和建设一批具有多式联运功能、支撑保障区域和产业经济发展的综合物流枢纽。合肥商贸物流开发区主导产业初具规模，产城融合程度较高，投资增长较为明显，园区已入驻企业达 400 多家，超亿元项目 40 余个，总投资 200 多亿元。开发区正积极复制上海自贸区等园区的成功经验，全面承接上海等长三角地区的产业转移，重点发展智慧物流、高端装备制造、新材料新能源、生物医药及健康大四大产业体系。2016 年全省物流业总体呈现稳中向好的发展态势，全省社会

物流总额56424亿元，增长3.67%，其中农产品物流总额3771亿元，工业品物流总额41427亿元，其他物流总额11226亿元。

2017年，全省交通基础设施建设共完成投资约832亿元。其中，高速公路完成投资183.5亿元，芜湖长江公路二桥、北沿江高速巢湖至无为段、狸桥至宣城段高速3个项目已经交工验收，新增高速公路里程约130公里，全省高速公路通车里程达到4673公里。合肥、芜湖、马鞍山综合保税区以及合肥空港、蚌埠、安庆等B型保税物流中心，9个进境指定口岸等一批重大开放平台正在加快建设，积极主动复制推广上海等自贸区35项试点经验，落实外资审批制度改革，区域通关一体化改革不断深化。全省A级以上物流企业113家，其中4A及以上物流企业占全省A级以上企业半数以上。新型物流业态发展较快，2017年安徽全年快递业务量8.63亿件，快递业务收入89.57亿元，比上年分别增长25.3%和26.9%。

（四）农产品采销结合，大幅降低流通成本

近年来，安徽省通过“农超对接、采购大会”等多种形式促进采销结合。2016年10月中国安徽餐饮业采购大会展出了包括鲜活、冷冻水产品、水产调理产品、肉禽产品、调理面点产品、调味品、餐厨用品及设备、冷链运输等共2000多种展品，为安徽食材供应链上下游企业搭建了专业而高效的采购协同平台，引领了食材流通电子商务化趋势，有效降低了食材流通成本。2017年12月，安徽省人民政府主办的第十八届“中国安徽名优农产品暨农业产业化交易会”在上海召开，通过交易会将安徽省的采购商组织起来，开展商贸谈判，促进了生产和销售对接，有效地扩大安徽省农产品在江苏和长江三角地区的销售渠道。

为贯彻落实商务部、农业部关于“农商互联”工作部署，推动安徽省农产品线上线下资源全面对接和深度融合，促进农产品流通方式变革，2016年底安徽省启动了“农商互联”模式，并从加快发展农产品电商、大力推进农业品牌化、着力完善农产品市场流通体系、加强农业农村大数据建设等四个方面扎实开展“农商互联”工作，在破解农产品难卖以及建立长期和谐的农商关系方面取得可喜的成绩。

二、安徽商贸流通业存在的主要问题

近年来，安徽省商贸流通调结构、转方式的步伐加快，流通网络逐步健全，新兴消费业态加快成长。但是，安徽省商贸流通规模不大、主体不强、结构不优、流通不畅、效率不高等问题依然比较突出。

（一）流通规模小，主体不强，区域发展不平衡

安徽省流通业增加值处于我国中等偏下的水平，虽然2016年全省实现社会消费品零售总额突破万亿元大关，2017年社会消费品零售总额11192.6亿元，但总体流通规模偏小，在中部地区仅处于中游水平。安徽省个体分散经营的流通企业占比高，经营规模小，功能单一，具有龙头效应的大型商贸流通企业相对较少，多数流通企业核心竞争力弱，对外辐射能力不强。

从电商发展来看，2016年安徽电子商务交易额仅占全国26.1万亿元的3.07%，网络零售仅占全国5.3万亿元的2.06%。2016年安徽省纳入统计的352家开展网络零售业务的限额以上批发零售企业，实现网上商品零售额仅有220.2亿元；2017年安徽省纳入统计的569家开展网络零售业务的限额以上企业，实现网上零售额仅有314亿元。安徽本土龙头电子商务企业很少，组织化程度较低，区域发展不平衡，集聚效应小，总体上城市电商产业园刚刚起步，农村淘宝村尚未在安徽出现。

安徽省商贸流通区域发展不平衡，城乡之间流通业发展结构不合理，农村现代流通方式发展尚处于起步阶段，基础设施特别是农村电商基础设施明显不足，农村“最初一公里”和“最后一公里”的流通问题比较突出。皖北地区及皖西山区农村商贸流通非常落后，而城市大型商业网点和设施也出现明显的结构性过剩和闲置现象。

（二）传统商贸步履艰难，转型升级缓慢

安徽省商贸流通领域传统业态仍然居于主导地位。2016年全省限上商贸流通企业主营业务成本比上年增长12.3%，比上年扩大4%，有976家企业出现亏损，亏损面达12.1%；大型百货和专业连锁经营也在滑坡，2016年安徽综合百货十强企业销售额383亿元，同比下降

1.2%，专业连锁销售额 398 亿元，同比下降 2.6%。全国各地不断发布传统零售业“阵亡名单”，传统零售业在互联网时代下受到冲击，沃尔玛超市仅在 2016 年就关闭了合肥长江路店、合作化南路店，无锡青石路店，巢湖健康东路店，淮北人民路店，滁州明光路店，芜湖花津中路店等多家门店。2017 年合肥商业也出现关店潮，沃尔玛在合肥仅剩一家店，百盛也撤出元一时代广场，合肥世纪华联双岗店关门，时尚 1983 购物广场撤出，等等。传统百货等零售业转型升级缓慢，仅有合肥百大、安徽徽商集团等少数传统商贸流通企业开展线上线下融合。另外，除少数大型批发交易市场外，安徽多数商品交易市场仍然是个体商户主导的传统交易模式。

（三）物流信息化水平低，商贸流通平台建设落后

安徽商贸流通领域物流信息、技术、装备等现代化水平普遍偏低。现代化仓储、多式联运转运等设施不足，物流基础设施之间不衔接、不配套问题较为突出。物联网、云计算、智能标签、无线射频识别、物流可视化、智能分拣系统、冷链物流、托盘标准化等技术远远没有得到有效和广泛的使用。安徽省县域和社区配送结点建设明显滞后，农村物流基础设施更加落后，物流技术装备明显落后，商贸物流作业机械化、自动化水平低。安徽省商贸流通信息公共平台数量少，缺乏管理服务功能，物流园区建设发展亟待规范。多数中小商贸流通企业没有建立完善的管理信息化系统，很难与外部信息化平台实现对接。

（四）商贸流通业人才缺乏

流通业作为劳动密集型产业，吸纳劳动力就业能力很强，对扩大就业具有较大贡献。2016 年安徽省流通就业贡献率为 10.07%，流通业就业人员同比增长 0.40%，低于发达地区水平。安徽省流通企业的整体管理水平不高，从业人员素质参差不齐，特别是文化水平和专业技术水平不高，流通专业技术人员的缺乏已经成为制约安徽省流通产业发展的瓶颈之一。在互联网、大数据时代背景下，知识技能更新快，商贸流通业更需要对不断变化的外部变化做出相应的反应，这样企业人才管理方式、绩效考核方式都需要转变，以适应新的市场环境。安徽省商贸流通企业员工综合素质不高，特别是缺乏中高端商贸人才和

新兴电商行业人才，并且安徽商贸人才外流现象突出，人力资源成本较高，影响了商贸流通业的盈利水平，不利于资本积累，不利于流通企业做大做强。

第二节　安徽商贸流通业竞争力评价

一、评价方法与评价指标体系

（一）评价方法

商贸流通产业竞争力评价一般采用熵值法、因子分析法、最优权法和离差权法，也有一些学者运用层次分析法、德尔菲法。为了尽量减少主观打分对产业竞争力评价的偏重因素影响，同时使不同量纲的商贸流通业原始数据指标可以进行比较，本节采用熵值法来评价安徽省 16 城市商贸流通业竞争力，采用因子分析法来评价全国的商贸流通业竞争力，并将安徽省与中部其他省份进行比较。

熵值法是一种客观赋权方法，熵是对不确定性信息的度量。信息量越大，不确定性就越小，熵也就越小；信息量越小，不确定性越大，熵也越大。根据熵的特性，可以通过计算熵值来判断某个指标的离散程度，指标的离散程度越大，该指标对综合评价的影响越大。熵值法可以避免主观赋权法的随机性、臆断性问题，对于多指标变量间存在的信息重叠问题，也可以通过熵值法得到有效解决。

因子分析的核心思想是降维，即在充分利用存在着相关性的各项指标信息的基础上，通过提取出少量综合指标来替代原来的庞大的指标体系，从而达到降维的目的。此外，使用因子分析所提取出的综合指标之间互不相关，并且每个综合指标都集中反映了具有内在经济关联的指标项所承载的信息，可以通过对综合指标以合适的命名，来分析商贸流通业竞争力的影响因素。

（二）评价指标体系

为了使选取的指标能够科学全面地反映安徽省商贸流通业发展情

况，在指标选取时遵循系统性、指标数量适中性、灵活可操作性等原则，以期保证评价尽可能合理、公正、客观，减少主观臆断的误差，同时又易于收集和计算。从流通规模、环境和基础设施、流通效率、流通辐射力、流通贡献与成长、信息化和连锁化 6 个方面，构建了商贸流通竞争力评价指标体系，见表 5－1 所列。

表 5－1 安徽省各市及中部六省商贸流通业竞争力评价指标体系

	安徽省各市	中部六省
流通规模	流通产业增加值	流通产业增加值
	社会消费品零售总额	社会消费品零售总额
	限额以上批发零售住宿餐饮从业人员	流通产业从业人员
	流通产业固定资产投资总额	流通产业固定资产投资总额
	公路货运量	货运量
环境&基础设施	人均生产总值	人均生产总值
	人均金融机构年末存款余额	人均储蓄额
	市场开放程度	市场开放程度
	每平方公里公路里程数	每平方公里等级公里
	人均民用汽车拥有量	人均民用汽车拥有量
流通效率	流通资本效率	流通资本效率
	限额以上批发零售住宿餐饮人员效率	流通人员效率
	批发零售库存率	批发零售库存率
流通辐射力	商流辐射力指数	商流辐射力指数
	物流辐射力指数	物流辐射力指数
	货源辐射力	货源辐射力
流通贡献&成长	流通经济贡献率	流通经济贡献率
	流通就业贡献率	流通就业贡献率
	流通业增加值增长率	流通业增加值增长率
	流通业就业增长率	流通业就业增长率
信息化&连锁化	人均固定互联网宽带接入用户	互联网普及率
	人均邮电业务包裹、快递件数	人均邮电业务快递件数
	县域电子商务水平	人均电子商务销售额
		连锁经营水平

二、数据来源与处理

数据主要来源于2015—2017年《安徽统计年鉴》、2015—2017年《中国统计年鉴》、中部六省各省份统计年鉴，安徽省各地市的县域电子商务水平数据来自阿里研究院，多数指标数据可以通过直接获取或简单计算得出。

其中，市场开放程度＝进出口总额/GDP；流通资本效率＝（社会消费品零售总额＋交通运输业生产总值）/流通产业固定资产投资；流通人员效率＝流通产业增加值/流通产业从业人员总数；批发零售库存率＝批发零售库存额/批发零售销售总额；商流辐射力指数＝社会消费品零售总额/（城镇居民人均消费性支出×城镇人口＋农村居民人均消费现金支出×农村人口）；物流辐射力指数＝（地区货运总量/地区生产总值）/（全国货运总量/国内生产总值）；货源辐射力＝进出口总额；连锁经营水平＝（限额以上连锁零售销售额＋限额以上连锁餐饮营业额）/（限额以上零售企业销售额＋限额以上餐饮企业营业额）。

三、安徽16城市商贸流通业竞争力评价

根据商贸流通业竞争力评价指标体系，通过熵值法分析了安徽省16个城市2015年和2016年商贸流通业的竞争力状况。

（一）熵值评价模型

（1）x_{ji}及标准化处理

假设x_{ji}表示安徽省第i个市的第j项指标值（$i=1, 2, \cdots, m$；$j=1, 2\cdots, n$）。为了消除量纲与量级差异，首先对数据进行标准化处理，再进行非负化处理，对标准化后的数据进行坐标平移。

正向指标：

$$x'_{ij}=\frac{x_{ij}-\min(x_{1j}, x_{2j}, \cdots, x_{mj})}{\max(x_{1j}, x_{2j}, \cdots, x_{mj})-\min(x_{1j}, x_{2j}, \cdots, x_{mj})}+1 \quad (5-1)$$

负向指标：

$$x'_{ij}=\frac{\max(x_{1j},\ x_{2j},\ \cdots,\ x_{mj})-x_{ij}}{\max(x_{1j},\ x_{2j},\ \cdots,\ x_{mj})-\min(x_{1j},\ x_{2j},\ \cdots,\ x_{mj})}+1 \tag{5-2}$$

式中，$\max(x_{1j},\ x_{2j},\ \cdots,\ x_{mj})$ 为第 j 项指标的最大值，$\min(x_{1j},\ x_{2j},\ \cdots,\ x_{mj})$ 为最小值。

(2) 计算第 j 项指标下第 i 个市占该指标的比重P_{ij}：

$$P_{ij}=\frac{x'_{ij}}{\sum_{i=1}^{m}x'_{ij}} \tag{5-3}$$

(3) 计算第 j 项指标的熵值e_j：

$$e_j=-k\sum_{i=1}^{m}P_{ij}\ln(P_{ij}) \tag{5-4}$$

式中，$k=1/\ln(m)$，m 为城市个数，$e_j\geqslant 0$。

(4) 计算第 j 项指标的差异系数g_j：

$$g_j=1-e_j \tag{5-5}$$

(5) 计算第 j 项指标的权重w_j：

$$w_j=\frac{g_j}{\sum_{j=1}^{n}g_j} \tag{5-6}$$

(6) 计算各城市的综合得分S_i：

$$S_i=\sum_{j=1}^{n}w_jP_{ij}(j=1,\ 2,\ \cdots,\ n) \tag{5-7}$$

(二) 熵值评价过程及结果

1. 熵值评价方法的权重确定

根据式（5-1）至式（5-6），可以得到各二级指标所占权重。在此基础上，加总得到各一级指标所占权重，结果分别见表 5-2 和

表5-3所列。由表5-2、表5-3可看出，一级指标权重中，环境基础设施和流通规模所占权重均在20%以上，权数较大。由此可见，环境基础设施和流通规模是影响商贸流通业竞争力的重要因素；而信息化水平权重较低，对综合评价影响相对较小。在二级指标权重中，商流辐射力和人均生产总值权数较大，流通业产值增长率所占权重较小。

表5-2 2015年一级指标和二级指标权重

一级指标	权重	二级指标	权重
规模指标	0.2166	流通产业产值	0.0408
		社会消费品零售总额	0.0382
		限额以上批发零售住宿餐饮从业人员	0.0432
		流通产业固定资产投资总额	0.0447
		公路货运量	0.0497
环境&基础设施	0.2205	人均生产总值	0.0546
		人均金融机构年末存款余额	0.0375
		市场开放程度	0.0478
		每平方公里公路里程数	0.0389
		人均民用汽车拥有量	0.0417
流通效率	0.1329	流通资本效率	0.0365
		限额以上批发零售住宿餐饮人员效率	0.0566
		批发零售库存率	0.0397
流通辐射力	0.1604	商流辐射力指数	0.0626
		物流辐射力指数	0.0512
		货源辐射力	0.0465
流通贡献&成长	0.1474	流通经济贡献率	0.0485
		流通就业贡献率	0.0383
		流通业增加值增长率	0.0365
		流通业就业增长率	0.0241
信息化	0.1222	人均固定互联网宽带接入用户	0.0417
		人均邮电业务包裹、快递件数	0.0433
		县域电子商务水平	0.0372

表 5-3 2016 年一级指标和二级指标权重

一级指标	权重	二级指标	权重
规模指标	0.2210	流通产业产值	0.0424
		社会消费品零售总额	0.0382
		限额以上批发零售住宿餐饮从业人员	0.0434
		流通产业固定资产投资总额	0.0474
		公路货运量	0.0496
环境 & 基础设施	0.2081	人均生产总值	0.0542
		人均金融机构年末存款余额	0.0377
		市场开放程度	0.0467
		每平方公里公路里程数	0.0309
		人均民用汽车拥有量	0.0386
流通效率	0.1279	流通资本效率	0.0581
		限额以上批发零售住宿餐饮人员效率	0.0442
		批发零售库存率	0.0256
流通辐射力	0.1573	商流辐射力指数	0.0591
		物流辐射力指数	0.0518
		货源辐射力	0.0463
流通贡献 & 成长	0.1558	流通经济贡献率	0.0425
		流通就业贡献率	0.0361
		流通业增加值增长率	0.0324
		流通业就业增长率	0.0448
信息化	0.1299	人均固定互联网宽带接入用户	0.0421
		人均邮电业务包裹、快递件数	0.0506
		县域电子商务水平	0.0372

2. 安徽省 16 城市商贸流通业综合竞争力评价得分

利用式（5-7）可以分别计算出 2015 年、2016 年安徽省 16 个城市商贸流通业综合竞争力评价得分，见表 5-4 和表 5-5 所列。

表 5-4 2015 年安徽省各地市商贸流通竞争力得分与排名

地区	流通规模	排名	环境&基础设施	排名	流通效率	排名	流通辐射力	排名	流通贡献&成长	排名	信息化	排名	综合得分	排名
合肥市	0.0218	1	0.0195	1	0.0070	15	0.0131	1	0.0096	6	0.0110	1	0.0822	1
淮北市	0.0122	14	0.0132	9	0.0091	5	0.0095	10	0.0081	15	0.0072	10	0.0595	11
亳州市	0.0134	5	0.0118	14	0.0099	1	0.0096	9	0.0109	2	0.0059	16	0.0616	7
宿州市	0.0133	6	0.0118	15	0.0092	4	0.0091	12	0.0075	16	0.0060	15	0.0570	16
蚌埠市	0.0135	4	0.0137	5	0.0095	2	0.0116	2	0.0097	4	0.0073	9	0.0656	3
阜阳市	0.0152	2	0.0120	13	0.0078	10	0.0103	4	0.0096	7	0.0065	14	0.0615	8
淮南市	0.0125	12	0.0112	16	0.0090	6	0.0091	13	0.0104	3	0.0067	13	0.0590	12
滁州市	0.0130	9	0.0127	11	0.0070	16	0.0092	11	0.0084	13	0.0078	6	0.0582	14
六安市	0.0132	8	0.0125	12	0.0079	9	0.0096	7	0.0082	14	0.0068	12	0.0582	13
马鞍山市	0.0128	10	0.0158	4	0.0092	3	0.0086	16	0.0086	11	0.0082	5	0.0634	5
芜湖市	0.0145	3	0.0169	2	0.0077	13	0.0103	5	0.0097	5	0.0099	2	0.0691	2
宣城市	0.0126	11	0.0135	7	0.0077	12	0.0096	8	0.0084	12	0.0082	4	0.0602	10
铜陵市	0.0122	13	0.0161	3	0.0078	11	0.0089	15	0.0091	9	0.0072	11	0.0614	9
池州市	0.0114	16	0.0128	10	0.0073	14	0.0089	14	0.0094	8	0.0077	7	0.0576	15
安庆市	0.0132	7	0.0136	6	0.0089	7	0.0099	6	0.0089	10	0.0076	8	0.0622	6
黄山市	0.0118	15	0.0134	8	0.0080	8	0.0108	3	0.0109	1	0.0083	3	0.0635	4

表5－5　2016年安徽省各地市商贸流通竞争力得分与排名

地区	流通规模	排名	环境&基础设施	排名	流通效率	排名	流通辐射力	排名	流通贡献&成长	排名	信息化	排名	综合得分	排名
合肥市	0.0224	1	0.0183	1	0.0070	14	0.0128	1	0.0109	2	0.0119	1	0.0834	1
淮北市	0.0125	13	0.0123	9	0.0077	9	0.0096	8	0.0070	16	0.0075	11	0.0566	16
亳州市	0.0136	5	0.0110	15	0.0092	2	0.0096	6	0.0104	4	0.0066	15	0.0604	10
宿州市	0.0135	6	0.0109	16	0.0090	3	0.0091	14	0.0086	15	0.0064	16	0.0573	15
蚌埠市	0.0138	4	0.0128	7	0.0088	4	0.0115	2	0.0102	6	0.0080	8	0.0651	3
阜阳市	0.0157	2	0.0111	14	0.0073	12	0.0103	4	0.0103	5	0.0068	14	0.0615	8
淮南市	0.0129	12	0.0113	12	0.0082	7	0.0091	13	0.0098	9	0.0072	12	0.0585	14
滁州市	0.0131	9	0.0120	11	0.0080	8	0.0091	12	0.0089	13	0.0080	7	0.0592	12
六安市	0.0134	7	0.0112	13	0.0088	5	0.0095	10	0.0088	14	0.0070	13	0.0587	13
马鞍山市	0.0129	11	0.0145	4	0.0084	6	0.0086	16	0.0093	11	0.0085	5	0.0622	7
芜湖市	0.0149	3	0.0155	3	0.0069	16	0.0100	5	0.0101	8	0.0106	2	0.0680	2
宣城市	0.0129	10	0.0130	5	0.0072	13	0.0095	11	0.0093	10	0.0089	3	0.0609	9
铜陵市	0.0123	14	0.0166	2	0.0069	15	0.0096	7	0.0091	12	0.0081	6	0.0626	5
池州市	0.0117	16	0.0122	10	0.0077	10	0.0088	15	0.0119	1	0.0079	9	0.0602	11
安庆市	0.0134	8	0.0124	8	0.0095	1	0.0096	9	0.0102	7	0.0077	10	0.0626	6
黄山市	0.0120	15	0.0130	6	0.0074	11	0.0106	3	0.0109	3	0.0088	4	0.0627	4

由表5-4和表5-5可以看出，2015年安徽省16城市商贸流通竞争力综合排名前三为合肥市、芜湖市、蚌埠市；2016年商贸流通竞争力综合排名前三为合肥市、芜湖市、铜陵市。这说明合肥市和芜湖市商贸流通业发达，综合实力较强。具体特点如下：

第一，在综合竞争力方面，合肥市商贸流通发展水平处于绝对领先地位，综合实力遥遥领先，排名第一。作为安徽省省会，合肥市商贸流通发展水平处于全省领先地位是其经济实力的体现。芜湖市商贸流通业表现不俗，综合排名稳居第二。2015年和2016年综合排名垫底的分别是宿州市和淮北市，两市商贸流通业发展落后，综合得分较低。总体来看，2015年和2016年安徽省16城市商贸流通业发展平稳，未出现较大的波动。

第二，在流通规模方面，流通规模与地区经济实力高度相关。2015年和2016年流通规模指标排名前三名均为合肥市、阜阳市、芜湖市。依托投资规模大、经济增速排名前列的优势，合肥市流通规模排名稳居第一。合肥市位于安徽省中部，是皖江城市带核心城市之一，科技资源和人力资源丰富，经济发展潜力巨大。而池州市由于其人口较少，总体经济实力不足，流通规模排名垫底。

第三，在环境和基础设施建设方面，各城市之间差距不大。2016年最后一名的宿州市（0.0107）与第一名的合肥市（0.018）仅差0.0073分。环境与基础设施建设水平位于前列的有合肥市、芜湖市、铜陵市。近年来合肥市大力建设交通枢纽和基础设施，交通运输条件大幅改善。此外，合肥市商务部门积极搭建对外服务平台，优化出口产品结构，有效促进了其与“一带一路”沿线国家的贸易往来，市场开放程度进一步增大。芜湖市位于安徽省东南部，经济总量仅次于合肥市，基础设施现代化程度较高，交通便利；芜湖市积极开展跨境电商业务，进出口总额保持良好增势，外部市场环境良好。铜陵市矿产资源丰富，区位条件优越，陆路交通基础设施发达，这为其物流业的发展提供了良好基础。而宿州市和淮南市由于较低的市场开放程度和落后的基础设施建设，指标得分较低。

第四，在流通效率方面，铜陵市表现优秀，合肥市和阜阳市表现较差。尽管铜陵市地方小，人口少，流通规模排名偏后，但铜陵市流通人员效率较高，使其在流通效率方面遥遥领先。合肥市流通业发展虽然具有良好的外部经济条件和流通规模，但其增长速度不快，效率较低，发展比较缓慢。合肥市应结合自身优势，积极寻找提高流通效率的途径。

第五，在流通辐射力方面，合肥市排名第一，蚌埠市和黄山市紧随其后，马鞍山市排名垫底。蚌埠市在流通辐射力方面表现不俗。蚌埠市是安徽省重要的工业城市，地处淮河流域，是全国重要的综合交通枢纽，物流业发达，独特的区位优势使其在流通辐射力方面表现突出。黄山市地处南方各省入皖的要冲位置，旅游资源丰富，国内罕见。虽然其流通规模水平较低，但依托其优越的地理位置和丰富的旅游资源以及发达的交通基础设施，其物流业发展迅速，流通辐射力排名靠前。而马鞍山市物流基础设施条件和信息化建设落后，物流辐射力较弱，流通辐射力排名垫底。

第六，在流通贡献与成长方面，池州市进步较大，淮北市和宿州市排名落后。从 2015 年的第八名到 2016 年的第一名，池州市在流通贡献方面进步较大。具体来看，2016 年池州市流通业产值增长率和就业增长率遥遥领先，这为其在流通贡献方面提供了较强的优势。而淮北市和宿州市的流通业对地区经济发展的贡献率较低，流通业从业人员呈负增长趋势，这使得两市在流通贡献与成长方面排名落后。

第七，在信息化水平方面，合肥市、芜湖市、宣城市、黄山市表现突出，亳州市、宿州市表现较差。宣城市历史悠久，物产丰饶，素有中国文房四宝之乡、绿茶之乡等美誉。近年来，宣城市县域电商迅速崛起，2016 年宣城市入围全国电子商务百佳城市；2017 年上半年，宣城市农村电商交易额突破 40 亿元。县域电子商务的迅速发展为宣城市的信息化建设提供了良好的基础。而亳州市和宿州市互联网普及程度较低，县域电子商务发展落后，信息化水平排名落后。

四、中部 6 省商贸流通业竞争力评价

根据表 5 - 1 商贸流通业竞争力评价指标体系，运用 SPSS 21.0 软

件，通过因子分析法分析了全国商贸流通业的竞争力状况，对 2015 年和 2016 年全国商贸流通业的竞争力状况进行评价，再将安徽省与中部地区其他省份进行比较。

（一）公共因子特征值及贡献率

1. 2015 年公共因子特征值及贡献率

由相关系数矩阵 $\boldsymbol{R}$ 计算得到特征值、方差贡献率和累计贡献率，2015 年的前 6 个因子的特征值均大于 1，有较强的解释力度，累计贡献率为 85.502%（表 5－6），因此选择前 6 个因子作为公共因子，这样可以更好地描述地区的流通产业竞争力水平。

表 5－6　2015 年公共因子的特征值和累计贡献率

成分	初始特征值			旋转平方和载入		
	合计	方差的%	累积%	合计	方差的%	累积%
1	9.842	41.008	41.008	8.344	34.768	34.768
2	4.479	18.664	59.673	5.319	22.162	56.930
3	2.097	8.740	68.412	2.042	8.508	65.439
4	1.551	6.463	74.875	1.778	7.409	72.848
5	1.432	5.969	80.844	1.747	7.279	80.126
6	1.118	4.658	85.502	1.290	5.375	85.502

2. 2016 年公共因子特征值及贡献率

由相关系数矩阵 $\boldsymbol{R}$ 计算得到特征值、方差贡献率和累计贡献率，2016 年的前 6 个因子的特征值均大于 1，有较强的解释力度，累计贡献率为 85.420%（表 5－7），因此选择前 6 个因子作为公共因子，这样可以更好地描述地区的流通产业竞争力水平。

表 5－7　2016 年公共因子的特征值和累计贡献率

成分	初始特征值			旋转平方和载入		
	合计	方差的%	累积%	合计	方差的%	累积%
1	8.909	37.119	37.119	7.865	32.773	32.773
2	4.852	20.218	57.337	5.386	22.440	55.213
3	2.286	9.524	66.861	1.890	7.875	63.088

（续表）

成分	初始特征值			旋转平方和载入		
	合计	方差的%	累积%	合计	方差的%	累积%
4	1.774	7.391	74.252	1.855	7.728	70.816
5	1.544	6.432	80.684	1.812	7.549	78.365
6	1.137	4.736	85.420	1.693	7.055	85.420

（二）因子载荷矩阵

由于初始因子载荷矩阵系数不是很明显，为使因子载荷矩阵中系数向 0－1 分化，对初始因子载荷进行方差最大旋转。

1. 因子载荷矩阵及因子命名

2015 年数据旋转后的因子载荷矩阵见表 5－8 所列。

表 5－8　2015 年旋转后的因子载荷矩阵

	成分					
	1	2	3	4	5	6
流通产业增加值	0.305	0.906	0.167	0.098	0.103	0.085
社会消费品零售总额	0.245	0.942	0.161	0.000	0.043	0.045
流通产业从业人员	0.669	0.669	0.008	－0.145	－0.041	－0.007
流通产业固定资产投资总额	－0.133	0.926	0.146	0.058	－0.152	－0.022
货运量	－0.057	0.865	－0.264	0.205	－0.061	－0.046
人均生产总值	0.803	0.183	0.270	0.041	0.323	0.084
人均储蓄额	0.917	0.112	0.095	0.035	0.125	0.074
市场开放程度	0.901	0.259	－0.049	－0.192	0.103	0.125
每平方公里等级公里	0.642	0.475	－0.016	0.114	－0.366	0.012
人均民用汽车拥有量	0.523	0.072	0.250	0.068	0.625	0.275
流通资本效率	0.919	0.245	0.039	0.002	0.077	－0.081
流通人员效率	－0.243	0.476	0.325	0.534	0.393	－0.054
批发零售库存率	－0.111	－0.005	0.170	－0.057	0.100	－0.932

（续表）

	成分					
	1	2	3	4	5	6
商流辐射力指数	0.201	0.475	0.684	0.153	0.011	−0.074
物流辐射力指数	−0.401	−0.131	−0.721	0.396	−0.022	0.044
货源辐射力	0.555	0.645	−0.055	−0.187	0.222	0.144
流通经济贡献率	0.515	0.029	0.220	0.637	−0.039	0.110
流通就业贡献率	0.860	−0.321	−0.065	0.028	−0.211	−0.073
流通业增加值增长率	−0.194	0.149	0.254	−0.03	−0.770	0.330
流通业就业增长率	0.225	−0.124	0.019	−0.765	−0.017	−0.014
互联网普及率	0.753	0.100	0.132	−0.092	0.377	0.336
人均邮电业务快递件数	0.841	0.258	0.025	−0.175	0.201	0.107
人均电子商务销售额	0.954	−0.128	−0.011	−0.129	0.028	−0.042
连锁经营水平	0.199	0.183	−0.699	−0.305	0.088	0.123

由表5－8可知，公共因子 F_1 在人均生产总值、人均储蓄额、市场开放程度、每平方公里等级公里、流通资本效率、流通就业贡献率、互联网普及率、人均邮电业务快递件数、人均电子商务销售额有较大的载荷，主要反映商贸流通环境和基础设施的因素；公共因子 F_2 在流通产业增加值、社会消费品零售总额、流通产业从业人员、流通产业固定资产投资总额、货运量上有较大的载荷，主要反映商贸流通规模的因素；公共因子 F_3 在商流辐射力指数、物流辐射力指数、连锁经营水平上有较大的载荷，主要反映商贸流通辐射力的因素；公共因子 F_4 在流通人员效率、流通经济贡献率、流通业就业增长率上有较大的载荷，是反映商贸流通贡献的因素；公共因子 F_5 在人均民用汽车拥有量、流通业增加值增长率上有较大的载荷，主要反映流通业成长的因素；公共因子 F_6 在批发零售库存率上有较大的载荷，是反映流通效率的因素。

2016年旋转后的因子载荷矩阵见表5－9所列。

表 5-9 2016 年旋转后的因子载荷矩阵

	成分					
	1	2	3	4	5	6
流通产业增加值	0.378	0.884	0.026	−0.165	0.092	0.044
社会消费品零售总额	0.295	0.935	−0.004	−0.120	0.052	−0.012
流通产业从业人员	0.592	0.712	0.017	0.330	−0.037	0.009
流通产业固定资产投资总额	−0.140	0.876	0.310	−0.183	0.086	−0.007
货运量	−0.106	0.852	−0.170	−0.119	−0.133	0.271
人均生产总值	0.937	0.117	0.077	−0.086	0.130	0.011
人均储蓄额	0.791	−0.178	0.041	−0.081	0.163	0.133
市场开放程度	0.890	0.272	−0.033	0.254	−0.131	0.012
每平方公里等级公里	−0.567	0.708	0.181	0.040	0.063	0.033
人均民用汽车拥有量	0.730	0.045	−0.156	−0.383	0.046	0.061
流通资本效率	0.658	0.332	−0.564	0.260	0.083	0.071
流通人员效率	−0.023	0.395	−0.034	−0.770	0.331	0.056
批发零售库存率	−0.183	−0.205	−0.087	0.015	0.082	−0.796
商流辐射力指数	0.275	0.475	−0.164	−0.171	0.580	−0.308
物流辐射力指数	−0.516	−0.137	−0.327	−0.106	−0.357	0.561
货源辐射力	0.630	0.621	0.040	0.073	−0.185	−0.026
流通经济贡献率	0.322	0.096	−0.216	0.025	0.639	0.462
流通就业贡献率	0.663	−0.144	0.008	0.627	0.154	0.194
流通业增加值增长率	−0.035	0.215	0.913	0.009	−0.104	−0.010
流通业就业增长率	0.010	−0.046	0.562	0.362	0.129	0.512
互联网普及率	0.902	0.099	−0.190	0.021	−0.036	0.054
人均邮电业务快递件数	0.866	0.250	0.002	0.100	−0.127	−0.047
人均电子商务销售额	0.845	−0.040	−0.002	0.422	−0.002	0.008
连锁经营水平	0.269	0.130	−0.065	0.104	−0.781	0.156

由表5-9可知，公共因子 F_1 在人均生产总值、人均储蓄额、市场开放程度、人均民用汽车拥有量、流通资本效率、货源辐射力、流通就业贡献率、互联网普及率、人均邮电业务快递件数、人均电子商务销售额有较大的载荷，主要反映商贸流通环境和基础设施的因素；公共因子 F_2 在流通产业增加值、社会消费品零售总额、流通产业从业人员、流通产业固定资产投资总额、货运量、每平方公里等级公里有较大的载荷，主要反映商贸流通规模的因素；公共因子 F_3 在流通业增加值增长率、流通业就业增长率有较大的载荷，主要反映流通业成长的因素；公共因子 F_4 在流通人员效率上有较大的载荷，是反映流通人员效率的因素；公共因子 F_5 在商流辐射力指数、流通经济贡献率、连锁经营水平上有较大的载荷，主要反映流通业贡献的因素；公共因子 F_6 在批发零售库存率、物流辐射力指数上有较大的载荷，是反映流通效率的因素。

2. 因子得分及排名

按各公共因子对应的方差贡献率为权数计算各省综合得分：

2015年的综合得分

$$F=F_1\times 0.406639+F_2\times 0.259202+F_3\times 0.099508$$

$$+F_4\times 0.086654+F_5\times 0.085134+F_6\times 0.062865$$

2016年的综合得分

$$F=F_1\times 0.383665+F_2\times 0.262700+F_3\times 0.092192$$

$$+F_4\times 0.090475+F_5\times 0.088378+F_6\times 0.082589$$

计算出综合得分后，将各公共因子得分及综合得分排名，如表5-10、表5-11、表5-12、表5-13，其中表5-11和表5-13是根据全国因子分析的结果对中部六省排序。

表 5－10　2015 年中部六省得分在全国中的位置名次

	F_1	排名	F_2	排名	F_3	排名	F_4	排名	F_5	排名	F_6	排名	综合得分(F)	排名
安徽省	−0.4744	22	0.69968	6	−2.16042	31	0.02087	15	−0.87256	24	−0.42477	23	−0.32571	23
河南省	−0.34023	17	0.79474	5	0.41895	11	−0.92814	24	−1.40697	30	−0.07024	21	−0.09529	15
湖北省	−0.16845	13	0.53989	8	0.37548	13	−0.30678	21	−1.00675	27	−0.62456	26	−0.04275	13
湖南省	−0.44112	19	0.63488	7	−0.14238	19	−0.07057	16	−0.09652	16	−3.54189	31	−0.26597	21
江西省	−0.50557	24	0.08417	13	−1.36594	28	−1.31261	29	−0.303	18	−0.51492	24	−0.4916	27
山西省	−0.09307	10	−0.4105	17	−0.51368	23	1.71219	3	−0.71442	23	1.07377	2	−0.04031	12

表 5－11　2015 年根据全国得分对中部六省的排名

	F_1	排名	F_2	排名	F_3	排名	F_4	排名	F_5	排名	F_6	排名	综合得分(F)	排名
安徽省	−0.4744	5	0.69968	2	−2.16042	6	0.02087	2	−0.87256	4	−0.42477	3	−0.32571	5
河南省	−0.34023	3	0.79474	1	0.41895	1	−0.92814	5	−1.40697	6	−0.07024	2	−0.09529	3
湖北省	−0.16845	2	0.53989	4	0.37548	2	−0.30678	4	−1.00675	5	−0.62456	5	−0.04275	2
湖南省	−0.44112	4	0.63488	3	−0.14238	3	−0.07057	3	−0.09652	1	−3.54189	6	−0.26597	4
江西省	−0.50557	6	0.08417	5	−1.36594	5	−1.31261	6	−0.303	2	−0.51492	4	−0.4916	6
山西省	−0.09307	1	−0.4105	6	−0.51368	4	1.71219	1	−0.71442	3	1.07377	1	−0.04031	1

表 5－12　2016 年中部六省得分在全国中的位置名次

	F_1	排名	F_2	排名	F_3	排名	F_4	排名	F_5	排名	F_6	排名	综合得分(F)	排名
安徽省	－1.00603	31	0.54606	9	－0.33735	25	0.30983	12	－1.45247	28	1.13439	2	－0.28028	23
河南省	－0.74452	25	1.03297	4	0.72097	3	1.02492	3	0.58475	9	0.05806	19	0.201387	8
湖北省	－0.5923	22	0.79281	6	0.30812	14	0.91594	4	0.52332	10	－0.34124	23	0.11037	10
湖南省	－0.83582	26	0.62698	8	－0.23686	24	－0.2955	23	－0.17762	19	－0.7102	27	－0.27889	22
江西省	－0.59142	21	－0.0875	15	－0.21417	23	0.04803	15	－1.61645	29	－0.72987	28	－0.46844	29
山西省	－0.49193	19	－0.3288	21	－1.47605	30	－0.07982	19	0.09347	14	1.02067	4	－0.32585	24

表 5－13　2016 年根据全国得分对中部六省的排名

	F_1	排名	F_2	排名	F_3	排名	F_4	排名	F_5	排名	F_6	排名	综合得分(F)	排名
安徽省	－1.00603	6	0.54606	4	－0.33735	5	0.30983	3	－1.45247	5	1.13439	1	－0.28028	4
河南省	－0.74452	4	1.03297	1	0.72097	1	1.02492	1	0.58475	1	0.05806	3	0.201387	1
湖北省	－0.5923	3	0.79281	2	0.30812	2	0.91594	2	0.52332	2	－0.34124	4	0.11037	2
湖南省	－0.83582	5	0.62698	3	－0.23686	4	－0.2955	6	－0.17762	4	－0.7102	5	－0.27889	3
江西省	－0.59142	2	－0.0875	5	－0.21417	3	0.04803	4	－1.61645	6	－0.72987	6	－0.46844	6
山西省	－0.49193	1	－0.3288	6	－1.47605	6	－0.07982	5	0.09347	3	1.02067	2	－0.32585	5

由表5-10、表5-11、表5-12、表5-13可以看出，2015年中部六省商贸流通竞争力综合排名前三名为山西省、湖北省、河南省，中部六省得分均为负值，说明中部地区商贸流通竞争力较弱。2016年中部六省商贸流通竞争力综合排名前三名为河南省、湖北省、湖南省，其中山西省下降很多，可能受资源型省份经济结构深度调整的影响；而河南和湖北两省商贸流通综合竞争力有明显提升，这可能受中原经济区和长江经济带中心区域或中心城市发展较快的影响。

就安徽而言，从因子分析法分析结果来看：

第一，在综合竞争力方面，2015年和2016年安徽省综合得分在全国排名都是23名，不像山西波动很大，比河南、湖南、湖北三省排名低，比江西省排名高，说明总体上商贸流通业发展稳定，但综合竞争力较弱。

第二，在流通环境和基础设施方面，安徽省连续两年排名靠后，在全国排名分别为22和31位，在中部地区排名最低，说明安徽商贸流通环境有待改善，商贸物流基础设施建设需要加速推进。

第三，在流通规模竞争力方面，安徽2015年和2016年在全国排名靠后，分别为31和25名。流通规模得分排名与经济规模和经济实力高度相关，河南省依托其人口规模大、经济总量排名前列的优势在连续两年的排名中皆遥遥领先，而江西省和山西省由于总体经济实力不足，排名皆垫底，安徽省流通规模竞争力仅仅稍微好于江西和山西两省。

第四，在流通辐射力方面，2015年河南省和湖北省排名靠前，江西省与安徽省排名靠后。2016年的结果中，流通辐射力相关指标体现在后两个公共因子。从近两年的结果看，安徽省流通辐射力指数较低，主要是因为安徽缺少大城市，同时紧邻长三角发达地区，不仅难以向长三角辐射，而且受外部辐射和消费外流现象比较大。

第五，在流通贡献方面，2015年从流通经济贡献率来看，山西省排名第一，安徽省第二，江西垫底；从流通就业增长率来看，中部的各省份得分差额较小，全国流通业平均增长率为－1.4%，安徽省的流通业增长率为1.4%，远高于全国平均水平。2016年流通贡献分散在

F_3 和 F_5 两个提取因子中，因子数值难以说明其中的流通贡献程度。

第六，在流通业成长方面，2015 年湖北省、江西省排名靠前，安徽省排名靠后，河南省垫底。2016 年安徽排名垫底，流通业增加值和从业人员人数增长缓慢。

第三节 安徽商贸流通业发展的政策建议

我国商贸流通发展正处于产业升级、消费升级的关键时期，电子商务发展势不可挡，移动支付、共享经济迅猛发展，科技进步正深刻影响传统商贸流通行业的发展方向。在习近平新时代中国特色社会主义思想的指引下，要正视安徽商贸流通领域存在的问题，充分认识商贸流通业对解决安徽社会经济发展不平衡和发展不充分问题的作用，深化流通领域改革开放，积极培育和壮大商贸流通主体，加快商贸流通现代化建设，强化流通人才队伍建设，促进商贸流通产业转型升级，从总体上提升安徽商贸流通业发展水平和竞争能力。

一、坚持深化流通领域的改革开放

从前述因子分析相关数据显示，2015 年安徽省市场开放度仅为 0.14，远远低于上海（1.2）、北京（0.92）等发达地区，对外经贸和招商引资与中部其他省份也存在较大差距。2016 年 12 月《安徽省“十三五”利用外资和境外投资规划》指出，“十三五”时期是我省全面建成小康社会的决胜阶段，也是全面打造内陆开放新高地的关键时期，必须进一步强化大开放理念，实施更加积极主动的对外开放战略，促进全省经济转型发展。

（一）支持流通企业“走出去”

国家“一带一路”倡议构想的提出，为安徽省企业“走出去”提供了更多的机遇和更广阔的空间。在“一带一路”倡议的背景下，省内流通企业应当积极参与到“一带一路”建设当中。尤其是大型流通企业，要充分发挥自身优势，克服不足，创新“走出去”的路径模式，不断提升企业核心竞争力。流通企业可以通过合资、并购重组等方式进入国际市场，积极发展跨国连锁经营。流通企业还可以通过境外经贸合作区积极开展境外投资合作业务，在境外建设营销和仓储物流网络（配送）中心，推动流通渠道向境外延伸。加大推进产业融合力度，鼓励支持流通企业与“走出去”的龙头企业“抱团出海”，提高流通企业利用两种资源、开拓两个市场的能力。

（二）大力开展跨境电子商务

跨境电子商务打破了国家间的障碍，大大促进了多边资源的优化配置与企业间的互利共赢，是商贸流通领域改革开放的重点之一。2016 年 1 月，合肥跨境电子商务综合试验区的设立使安徽跨境电商的发展迈上了一个新的台阶。要大力鼓励流通企业开展跨境电子商务，支持有条件的电子商务园区建立跨境电子商务公共服务平台。要加快建设电子口岸，创新通关监管模式，推进跨境电商关键环节“单一窗口”的综合服务体系建设。要加快推进安徽内外贸深度融合，加快合肥、芜湖、蚌埠等区域中心城市跨境电商发展，努力把合肥跨境电子商务综合试验区建设成为国内领先的跨境电子商务集聚区。

二、积极培育和壮大商贸流通主体

（一）支持商贸流通企业做大做强

近年来，安徽省不断优化流通产业发展环境，着力壮大流通主体。2016 年安徽省限额以上商贸流通企业总数超过 1.1 万家。其中合肥百货大楼集团跻身全国企业 500 强，合肥百大集团、安徽商之都股份有限公司、阜阳华联名列全国连锁企业百强。

在骨干流通的企业带动下，安徽省现代流通方式迅速发展，商贸流通竞争力显著增强。商务部门应当继续加大商贸流通主体培育力度，积极引导、鼓励扶持商贸流通企业做大做强。各级政府可通过采取减免企业税费、用电用水同价、要素保障等政策，降低流通企业经营成本。努力将合肥百大、安徽商之都、阜阳华联等企业打造成为拥有自主品牌、主营业务突出、核心竞争力强的大型流通企业集团，提升市场份额和产业集中度。优势流通企业要不断加强技术创新，提高经营管理水平，通过参股控股、特殊经营等方式实现跨行业、跨区域的兼并重组，利用多层次资本市场做大做强，提升区域辐射能力。

（二）积极培育电商企业，加快建设“电商安徽”

贯彻落实安徽省委、安徽省人民政府《关于推进“电商安徽”建设的指导意见》，加快改造传统经营模式和生产组织形态，推动一二三产业、线上线下、内外贸深度融合发展，催生新业态新模式新产业，培育一批带动力强、在全国有重要影响力的电商龙头企业和千军万马的中小电商企业。为此，一是要进一步深化与阿里巴巴、京东等电商平台合作，积极引进知名电商企业，大力培育本土电商企业做大做强，努力发展具有安徽区域性和行业性特色的电子商务平台。二是要以家电、汽车和金属材料等为重点，加快安徽大宗商品和生产资料电子商务发展，在这些经营领域培育一批电商企业。三是要以安徽电子商务示范县为抓手，大力推进农村电子商务，培育发展一批电子商务特色小镇和“电商村”。四是把电商作为商务精准扶贫的抓手，特别是抓住十九大报告提出的乡村振兴战略，促进农村一、二、三产业融合发展，尤其在具有特色农业、特色农产品、农村旅游业等发展潜力的贫困地区，大力发展农村电商，实现电商精准扶贫新突破。

（三）大力发展中小商贸流通企业

中小商贸流通企业是吸纳创业、扩大就业的主要渠道，在国民经济和社会发展中具有重要地位。面对中小商贸流通企业融资困难、营运成本高、信息不对称等问题，制定并落实中小商贸流通业的扶持政策，积极支持各地建设中小商贸流通企业公共服务平台，提供融资、市场营销、管理咨询等服务，促进中小微流通企业专业化、特色化发展。中小企业应当积极探索新的营销渠道和营销方式，利用现代流通技术和新型网络平台，形成更便捷的流通渠道，减少中间环节的费用，降低经营成本。

三、大力推进安徽商贸流通现代化建设

坚持政策引导和企业主导，实施“互联网＋流通”行动，以新型业态为发展方向，以商贸物流技术、信息技术和标准化为核心，提升

安徽省商贸流通现代化水平。

(一) 加快融合，推动“两个转型”

切实贯彻落实《安徽省人民政府关于推进商贸流通创新发展转型升级的实施意见》(皖政〔2016〕26 号)，支持实体零售商业创新经营业态和模式，鼓励购物中心、百货店等开展社交体验消费服务，实现线上线下融合的转型发展；加快交易市场的信息化、定制化和平台化进程，拓展物流配送、产品追溯、电子商务、展览展示等功能，促进交易市场的转型升级。

(二) 加强新技术应用，实施“流通标准化”

加强物联网、云计算等先进技术在商贸流通领域中的应用，以合肥、芜湖电子商务和物流标准化试点城市为抓手，以标准托盘、农产品冷链标准化、肉类和中药材等产品追溯标准体系、网络零售标准体系等建设为重点，推进商贸流通现代化。重视农村物流体系网络建设，鼓励各类市场主体整合农村物流资源，建设改造农村物流公共服务中心和村级网点，切实解决好农产品进城“最初一公里”和工业品下乡“最后一公里”问题。

(三) 加快建设安徽“现代商贸流通平台”

以《安徽省现代商务平台体系建设专项规划 (2017—2021 年)》为引领，重点围绕物流和电子商务领域，利用商贸大数据，以政府为主导建立公共信息管理服务平台，实现部门、区域间商贸数据交换制度化，实现信息共建共享；以各类园区为依托，以企业主导建立市场化的商贸流通交易服务平台；重点推进专业性电子商务平台建设。

四、强化流通人才队伍建设

(一) 加大引进和培训力度，提升流通人才素质

高质量的人才队伍是促进流通业发展的重要保障，安徽省要积极引进流通领域所需高端人才，加快培养精通现代流通业的优质人才，建立一支高素质、综合型人才队伍。各级政府要善于利用教育平台，充分发挥科研院所、高等院校以及职业技校作用，鼓励各类院校根据市场需要开设电子商务、连锁经营、现代物流等专业和课程，进一步

完善产学研用合作机制，探索实训式的人才培养与培训机制，加快培育一批综合型的高端人才。对于一些新兴商贸领域和紧缺人才重点领域，更要加大人才引进和培训力度。比如电商领域，要将电子商务纳入领导干部及公务员培训内容，提升各级党委、政府推动电子商务发展的水平；要把电子商务人才纳入全省紧缺急需人才目录，依托各类人才工程和项目，加快引进、集聚一批高层次电子商务人才；要支持建设安徽省电子商务人才继续教育基地；开展电商精准扶贫培训。

（二）建立商贸流通人才激励机制

有效的人才激励机制能够激发人的创造力，充分发挥人才的有效作用，真正做到人尽其才，才尽其用。各流通企业应当把人才作为流通业发展的关键资源，以开放的视角来接纳各类人才，构建与流通产业发展相适应的人才激励体系，建立以能力贡献为导向的人才激励机制。对拥有一技之长的流通业实用人才进行表彰奖励，并授予荣誉称号；对技术水平高、思想水平高、能够有效带动流通业发展的人才进行重点培养，并给予优厚的经济待遇。鼓励优质人才发挥模范带头作用，主动为技术能力弱、效率低下的人员提供专业性指导，营造积极向上、和谐高效的工作氛围。

五、强化政策落实，营造良好环境

（一）完善相关法规，强化政策落实

近年来，国家各部委和安徽省出台了商贸流通、物流、电子商务等方面文件以及规划，各级政府和商务部门要认真梳理，一方面要注重合并贯彻，强化政策落实，形成政策合力；另一方面要注重研究新时代商贸流通领域的新问题以及国家法规政策执行中的地方性问题，进一步完善相应地方法规制度，保障安徽商贸流通业健康持续发展。比如在电子商务方面安徽就有很多需要认真落实的政策：全面清理电子商务领域前置审批事项，降低电子商务领域准入门槛；为中小企业应用互联网创业创新提供集群注册、办公场地、基础通信、运营指导、人才培训、渠道推广、信贷融资等软硬件一体化支撑服务；设立省级促进电子商务发展专项资金；支持电子商务企业申请高新技术企业或

技术先进型服务企业认定，按国家现行税收政策规定享受有关税收优惠；小微企业依法享受税收优惠政策；等等。

（二）规范市场秩序，营造良好环境

为了适应“互联网＋流通”发展需要，安徽省要不断创新监管手段，采取合理有效的监管方式，切实加强线上线下一体化监管和事中事后监管。监管部门要充分发挥市民热线作用，严厉打击侵权假冒、无证无照经营、虚假交易等违法犯罪行为，使人民群众能够放心消费、安全消费。政府商务管理部门要探索建立商贸流通行政管理权力清单、部门责任清单和市场准入负面清单，提高行政审批便利化水平。充分发挥全国信用信息共享平台和企业信用信息公示系统的优势，健全政府部门信用信息共享机制，深入推进商务信用体系建设。完善商贸流通企业信用评价标准，建立健全企业经营异常名录、失信企业“黑名单”制度，依法向社会提供信用信息查询服务，逐步形成“守信激励、失信惩戒”诚信约束机制，提高流通领域经营主体的诚信意识和信用水平。

第六章　安徽商贸流通业发展专题研究

第一节　安徽零售产业转型发展

一、传统零售产业转型的背景

在互联网冲击和经济新常态的背景下，传统零售行业遭遇着巨大挑战，但同时零售产业转型也出现新形势。从发展现状上来看，零售产业不再视电子商务为洪水猛兽，甚至将其视为零售业的二次革命。而电商平台也在谋求与实体经济的融合，蚂蚁与大象共生已成未来发展趋势。安徽省政府也在抓住机遇，加快流通业的转型发展。截至2017年9月，安徽省社会消费品零售量再创新高，总业务量共计达8108.6亿元。其中，限额以上消费品零售额达到3997.4亿元，同比增长11.2%；网上零售额达205.2亿元，同比增长34.3%。由此可见，实体经济电子商务化仍是不可逆转的趋势（图5-1）。

为突破传统零售产业发展的瓶颈，加速流通产业整体的升级转型，国家和地区也都出台相应的政策予以扶持。为进一步调整商业结构，促进模式创新，安徽省政府办公厅印发《推动实体零售创新转型实施方案》（皖政办〔2017〕30号）。不仅如此，面对网络电商平台的迅速发展和自身营运的困境零售，零售企业自身也在积极探索转型升级之路。

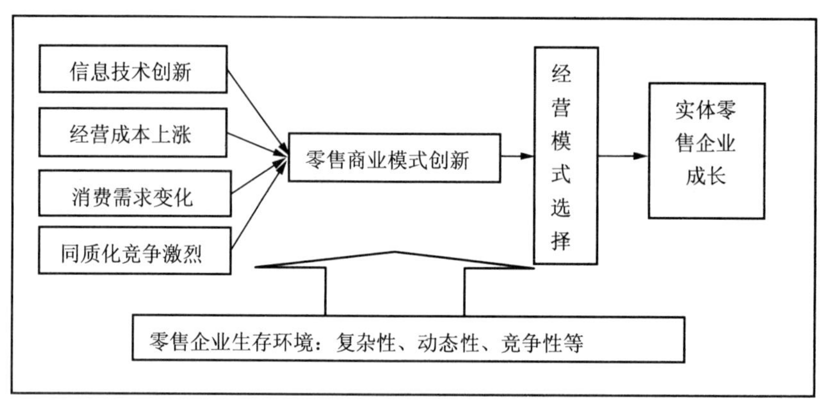

图 6-1　实体零售转型背景概念性模型

二、零售产业在自身营运中寻求创新和突破

（一）线上与线下高度融合

近几年来，实体零售产业为重塑零售精神，寻找自身价值，在互联网迅速发展的背景下，实体经济与电子商务结合已是大势所趋。为走出困境，安徽省零售企业纷纷投身“电商”领域。在合肥，百大、徽商集团等零售巨头也将视线转向了线上线下联动的发展模式。例如，安徽徽商集团创建电子商务平台——商之都，积极开展与电商巨头阿里巴巴集团合作。2017 年“双十一”，天猫商城销售量最终以 1682 亿元突破历史最高纪录。其中，国生电器专营店当日创造销售额 117 余万元，同期增长 125%。与此同时，徽商红府官方旗舰店实现了 8 年来的销售新高，美的电磁炉类目位列天猫全国分销 27 名，电饭煲类目位列第 34 名。除了线上活动，商之都在线下也开展了“双十一”促销活动，包括针对个别品牌采取提前减价销售和线上线下保价政策，都在不同程度上保证了其为消费者提供优质服务的承诺。

（二）开拓新领域，弥补市场空缺

过去，大型超市卖场一直是零售产业所关注的重点，但近年来受电子商务的冲击，营业利润逐渐下滑，市场份额也在持续降低。为解决运营危机，安徽零售企业开始转变传统商圈观念，将市场由市中心等繁华地段转向社区开设便利店。在合肥，红府、苏果、来购等小型便利商店在应急性、便利性方面极大程度地满足了顾客需求。与大型购物中心不同，便利店以其灵活，分散和与消费者“零距离”的优势，迅速占领了社区消费的市场。从传统的“早开晚关”到“24 小时”营业，从单一提供购物场所到提供缴费充值等便民服务，在细节上弥补了大型卖场的不足，填补了部分销售市场的空缺。

（三）经营模式创新，打造特色零售

要真正做好安徽零售产业转型，不仅是线上和线下融合，更要在线下购物内容和方式上予以创新。目前，零售市场已经出现了新业态，如开设无人超市、自助收银、设立特色购物区域等方式叠加打造零售新体验。2017 年 9 月 8 日，作为安徽老牌的零售企业——红府超市正式更名为“红府超市中心广场”，不仅增加了特色购物区域，同时引入了联营供应商，在很大程度上增加了进口商品比例，使零售商品内容和结构更加新颖时尚，贴近中高端层次消费的定位，以满足消费者日益复杂多变的消费主张。

三、零售产业在政府支持和电商合作中转型发展

（一）政府为企业解决融资问题

传统零售业在运营中转型不仅需要自身的努力，同时也需要借助外在的力量。特别对许多的中小零售企业来说，“融资难”和“融资贵”一直是横亘在转型升级环节的重要障碍。为此，2017 年安徽省各市各级部门积极充当“中介”的作用，率先提出“政银担”模式，支持引导企业融资，最大限度满足企业资金需求。具体来看，中国工商银行安徽省分行正在将关注重点放在对中小企业的发展上，以帮助企业成长为核心目标，着力构建绿色健康的新金融服务体系。截至 2017 年上半年，安徽省工行分行小企业贷款户数共计约 4185 户，贷款增速 6.12%[①]。

（二）电商助力打造新零售

此外，除了政府的扶持，零售产业的发展也离不开与电商的合作。

① 韩震震．工行安徽省分行：探索服务新模式搭建小微企业发展“加速器”［N］．人民网，2017-10-17.

如为全面推进实体百货电子商务化，合肥银泰百货携手阿里巴巴，共同打造“2017 天猫双 11 银泰主会场”，实行网上商城、实体店同款同价，不同程度地让利消费者，改进消费者福利。同时，2017 年 9 月，京东安徽电子商务产业园项目落户长丰。该项目以“大数据”和“云计算”技术为支撑，为京东集团和安徽省在电子商务、产业扶贫等领域精准对接提供支持与服务。这种实体零售与电商合作的新商业模式，不仅强化了双方在各自领域的市场地位，更加速了双方在零售产业线上与线下的相互融合和渗透。

四、安徽重点零售企业的转型发展

作为安徽省重点零售企业，合肥百货大楼集团股份有限公司也在不断积极探索实体零售新渠道，创新商业模式，并在转型发展道路上取得了显著成绩。企业不仅在安徽省企业五十强位列第 9 位，更是连续 10 年跻身中国企业 500 强之列。具体来看，在过去的几年里，合肥百大集团将零售转型作为重点项目开展，不断创新经营模式、降成本、补短板，从一家单体百货店，逐步发展成为安徽省商贸流通领域的龙头企业和示范企业。截至 2017 年第三季度，百大集团创造营业收入 782，517，52 万元，较去年同期上升 6.36％（表 6 -1）。接下来以百大集团经营转型过程为例，分析省内重点零售企业的转型和发展方向。

表 6－1　合肥百大 2017 年第三季度财务报表　　单位：万元

<table>
<tr><td></td><td>本报告期末</td><td>上年度末</td><td>本报告期比上年度末增减</td></tr>
<tr><td>总资产</td><td>980，674.29</td><td>919，854.13</td><td>6.61％</td></tr>
<tr><td>归属于上市公司股东的净资产</td><td>370，216.65</td><td>357，095.47</td><td>3.67％</td></tr>
<tr><td></td><td colspan="2">年初至报告期末</td><td>年初至报告期末比上年同期增减</td></tr>
<tr><td>营业收入</td><td colspan="2">782，517.52</td><td>6.36％</td></tr>
<tr><td>经营活动现金流量净额</td><td colspan="2">24，725.55</td><td>－42.44％</td></tr>
<tr><td>基本每股收益（元/股）</td><td colspan="2">0.3242</td><td>9.60％</td></tr>
<tr><td>加权平均资产收益率</td><td colspan="2">6.91％</td><td>0.24％</td></tr>
</table>

数据来源：根据百大集团官网第三季度财务报表整理。

（一）O2O 战略布局

在“互联网＋”驱动的零售产业变革体系中，作为安徽省重点流通企业——合肥百货大楼集团股份有限公司，其零售商业模式创新发展的方向是发展双线平台。具体来看，百大集团以实体店的经营优势为基础，整合旗下资源实现 O2O 模式的转型升级。第一，在实体店方面，加速布局线下渠道，提高实体店的经营质量与盈利能力。2016 年 7 月，新开百大易购直销中心港汇店；2017 年 4 月，合肥百大再开 3 家实体店。9 个月内，已相继布局 9 家店，基本实现了实体经营网络布局的整体性和联动性。在线下，百大仍然以商圈观念为主导，选择优越的地理位置，将实体店作为集商品展示、体验及销售于一体的综合型购物中心，扩大线下消费群体，实现多渠道下的自采自营运营模式。第二，在线上商城方面，聚焦平台运营能力的提升。百大易购以满足消费者需求为出发点，提供线上销售、移动化及社区服务等功能。通过移动终端与线下各实体店共享资源，共同促进产品的推送服务，增加顾客黏性，实现注册用户达 60 万。2017 年“双 11”期间，百大集团更充分利用其双线平台的优势，实体店和网商平台相互引流，销售额大幅增长，实现销售额近 3 亿元，增速超过 35 个百分点。

（二）细分产品市场，发展跨境业务

在全球经济一体化的背景下，“买全球”的消费观盛行，跨境消费呈井喷式上升。早在 2016 年，中国海淘人数总量就已达到 4100 万人，市场规模达到 2198 亿元，不断创下历史新高。2017 年，在合肥，百大易购利用跨境试验区的优势，以跨境海淘为切入点，大力开展自营进口业务，率先采用保税模式的采购运作，在海淘电商领域取得领先优势。自 2017 年初开始，百大易购为进一步提高跨境业务市场份额，完善其零售经营布局，1—9 月共开设 9 个线下跨境直销中心。不仅如此，为更好地运作跨境电子商务平台，百大易购在欧洲、日本、澳大利亚、美国等多个海外国家自主成立和建立了采购团队和仓储基地。此外，百大易购还利用“大数据”分析系统，跟踪用户的需求变化，实现精准调整产品架构、采购需求，这一系列的举措都极大提高了其实体零售的有效供给，运营一年来，电商平台跨境业务进口额突破

205 万美元。

（三）加速业态整合，优化市场布局

为加速百大集团零售产业商业模式创新，集团充分发挥自身优势，尤其是在供应链整合方面，包括买断经销、代理销售、自有品牌等方面，分类经营取得了极大的成效。具体来看，2017 年来合肥百大着力打造“自营＋自有品牌＋联营品牌”的经营发展模式，包括完全掌握自有品牌“合百珠宝”代理经营权；自营品牌“悦莱迪”服装零售额剧增，增幅超过 58.29％；合家福超市“三自”经营比重不断增长，实现增长率达 39.77％；合家福配送能力不断增强，配送网点新增加 32 个（图 6－2）。在整合业态资源以外，百大还加速整合区域资源。2017 年 1 月，百大集团再次并购重组，收购台客隆超市，进一步扩大市场份额。截至 2017 年 10 月，百大已在安徽省设立大型购物中心 25 家、超市 170 多家和电器卖场 24 家，经营范围遍布安徽省各大、中型地市。

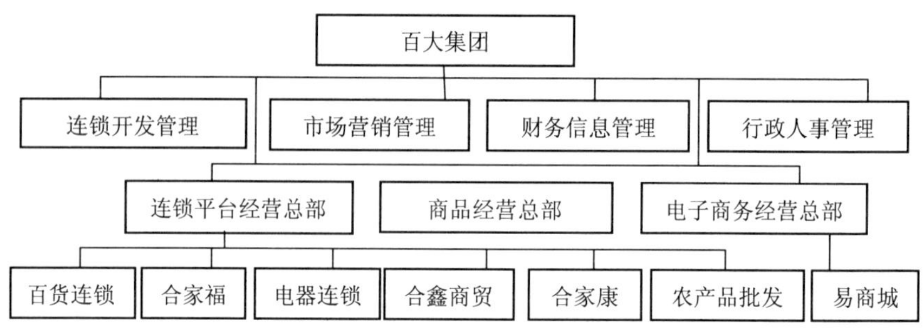

图 6－2　百大集团经营结构图

（四）大力发展物流，降低经营成本

物流是实体经济流通渠道中的关键一环。继开通合肥至皖南冷链物流专线后，2017 年 11 月 18 日，百大周谷堆又成功新增至皖西、皖北冷链物流专线，首日运送冻品副食品超过 6 吨，创历史新高。新开辟的冷链物流专线，始发合肥终到阜阳，沿线经过六安、霍邱、颍上等地，成本降低幅度超过 20％，为皖西、皖北等地提供了便捷、低成本、个性化的生鲜冷链专线服务。与此同时，新开通的专线不仅扩展了经营业态，加速了冷链产业向冻品副食品的渗透，而且使百大周谷

堆冷冻产品经营面积辐射至皖西、皖北等地区。此举有效扩大了市场份额，增强了冷链物流的供给能力，提升了经营地位，焕发了开拓新市场的活力，打开了百大周谷堆由点及面的新经营发展格局。

第二节　安徽"互联网＋流通"发展专题

一、全省电子商务行业整体发展稳中有进

在2016年安徽省电子商务迅速发展的基础上，2017年全省电子商务发展状况良好，总体实现平稳快速发展。随着"互联网＋流通"发展模式的深入探索，电子商务逐渐成为转型升级道路上的重要抓手。截至目前，全省电子商务企业蓬勃发展，涌现出一大批知名电商企业和网商品牌，各类登记在册的经营主体共计约30万家。2017年2月，我省印发《安徽省电子商务"十三五"发展规划》，文件贯彻落实中央关于经济发展建设中的五大新发展理念，以"创新、协调、绿色、开放、共享"为中心，提出要加速将安徽打造成电商综合示范大省。各级政府部门以发展规划为中心，在结合自身实际情况的前提下，加速建设电商安徽，取得了重大进展。首先从区域范围来看，截至2017年6月，安徽省省会合肥跨境电商综合试验区进出口额增长迅速，增长幅度超过20％，蚌埠市跨境电子商务产业园区实现营业收入持续增长，比上年同期增加1倍。再将视线转向农村来看，电子商务网上交易额突破375亿元，同比增长40％，其中农产品网上销售额增幅超过45个百分点①。同时，中国商务部公布了2017—2018年度电子商务示范企业名单。在此次公示的名单中，安徽省共有7家企业上榜（表5-2）。另外，截至2017年9月底，全省网上零售销售额共计935.2亿元，实物商品网上销售额突破714.1亿元。

① 顾继月．安徽上半年服务业增加值5306.9亿元［N］．中安在线，2017-08-29.

表 6－2 2017—2018 年度安徽电子商务示范企业名单

经营类别	电子商务示范企业名单
网上零售	三只松鼠股份有限公司
	合肥荣电实业股份有限公司
	安徽省六安瓜片茶业股份有限公司
	芜湖凡臣电子商务有限责任公司
	安徽淮商商业管理集团股份有限公司
网络批发	安徽华源医药股份有限公司
电商服务	安徽省上街去网络科技股份有限公司

数据来源：中华人民共和国商务部公告 2017 年第 48 号文件。

二、电子商务区域发展态势良好

党的十八大以来，安徽省坚持把互联网与实体经济的融合作为工作重心，积极推进商贸流通各领域跨界融合，促进各产业结构调整升级。在商贸领域积极推动实体店、网上商城同步发展，带动传统商业模式向互联网转变。在制造业领域推动科技成果的运用与转化，加速全省范围的信息化扩散，改善过去技术层面薄弱、缺乏核心竞争力的不利局面。2017 年以来，省内各级政府部门紧跟落实中央政策，贯彻重要领导人讲话精神，将供给侧结构性改革与安徽实际发展相结合，坚持扩大有效供给，满足日益复杂多变的消费需求，提升整体福利，创新经济增长新动能。从全省消费品市场来看，2017 年市场总体保持平稳较快发展，实体零售和网上零售仍快速增长，但与过去不同的是，消费品市场结构调整明显，网上零售增长速度领先实体零售。从 2017 年前 10 个月的消费市场数据来看，全省限额以上网上商品零售额逐年递增，本年度共计 232 亿元，发展速度较上年大幅上涨，增长了近 34％。

从地区范围来看，2017 上半年我省在电子商务建设方面取得了一系列的进展（表 6－3）。如省会合肥，作为国家级电子商务示范城市，坚持以“互联网＋”为战略导向，重视培育电商产业，积极促进数字证书等新技术的应用，并且成为全国第一批移动电商创新试点城市。

不仅如此，京东电子商务产业园于 2017 年下半年正式落户合肥长丰。截至 2017 年 9 月，芜湖市限额以上批发零售企业网络销售额创下新高，营业额共计约 82.78 亿元，对推动当地经济发展作用明显。最后再从网上零售重点企业来看，安徽省内 6 家零售份额超亿元企业：三只松鼠、易迅达海、凡臣电子、创美网络、敬创电子、苏宁云商等实现网上零售额 70.81 亿元，在极大程度上起到了示范作用，并带动了地区经济增长。

表 6-3　2017 年上半年安徽省部分城市消费运行情况 单位：万元、%

地市	社会消费品零售额		限额以上消费品零售额		网上消费品零售额	
	总量	增速	总量	增速	总量	增速
全省	53651355.6	12.0	26187453.9	11.8	—	—
合肥	13026306.5	11.7	8681351.3	8.6	1571000	38.3
芜湖	4477817.3	12.4	2769477.9	12.7	631862.4	41.6
铜陵	1637684.2	12.6	485822.4	13.0	16800	104.0
安庆	3672503.0	12.2	1402160.3	15.1	21000	83.3

数据来源：根据安徽省各市统计局消费市场运行情况分析整理。

三、"电商进村全覆盖"发展加速

自 2014 年，"农村电商"一词被正式写入党中央一号文件，后被反复强调。2017 年，安徽省政府印发《推进电子商务进农村全覆盖工作方案》。据文件要求各级政府部门做好电子商务与农村经济的融合工作，带动区域经济增长，最终目标是实现"三个全覆盖"的目标。到下半年，安徽省商务厅通报了省内关于"电商进村全覆盖"的开展进度，表示"两中心、一站点"的建设目标，全省各地区完成的速度较快，质量较好，已经实现时间过半、覆盖率过半的阶段目标。从全省建设公共服务中心方面来看，到 7 月中旬为止，已有 72 个县（市、区）启动建设。再从农村基础设施建设方面来看，为完善电商进村设施配套，对于标准化物流配送中心的建设，全省已有 74 个县（市、区）正式启动。截至目前，全安徽省境内共有 53 个县（市、区）已建成标准化物流配送中心、覆盖率超过 70%。

电商进村全覆盖的发展方向对创新农村商业模式、电商扶贫、健康脱贫，释放消费潜力产生重大的影响。2017 年，全省各级政府单位及各部门着力落实“电商进村三个全覆盖”政策，通过制定方针政策、建立示范村等措施，在全省开展电商进村工作，成果突出。比如，为加速产业扶贫，在省政府支持和引导下，部分地方政府与电商合作，初步打造了区域特色电商平台，建立了包括阿里巴巴宿州产业带在内的各类电子商务平台；宿州苏宁、淘宝地方馆、京东特色馆等农产品销售平台，极大地带动了农村经济的增长①。在此基础上，还发展了集商务、政务、服务等功能为一体的乡村便民网点，增加了就业机会，切实改善了农民生活。

同时，商务部公布了 2017 年国家电子商务进农村综合范县名单，我省共有 9 个县上榜，如利辛、临泉和潜山等县。此外，在电商综合示范政策的推动下，大量在外地务工的流动人口返乡就业、创业逾 20 万人（表 6－4）。

表 6－4　2017 安徽电子商务进村综合示范县名单

亳州市	利辛县
宿州市	萧县
	灵璧县
阜阳市	临泉县
	阜南县
安庆市	潜山县
	太湖县
	宿松县
	望江县

数据来源：根据商务部市场体系建设司公告整理。

四、跨境电商迅速发展

习近平总书记在 2016 年 4 月视察安徽时指出，安徽深化改革、内

① 郭宇同，马玲玲．宿州力推电子商务进乡村［N］．安徽日报，2017－08－21.

陆开放有闯劲，区位优越，处于“一带一路”重要节点，是促进内陆经济增长的关键一步，强调安徽要积极融入国家“三大战略”，强化辖区竞争力。为此，我省牢记习总书记嘱托，主动落实国家经济发展政策和规划，自觉在更大格局下助力开放式发展，努力提高辖区内对外开放水平。2017 年，安徽省政府为促进关于跨境电子商务业务的迅速发展，印发跨境电子商务专项规划，力图加速构建流通大省。来自海关的最新数据表明，截至 2017 年第三季度，全省进出口贸易持续增长，月平均增速达 20%。

自 2016 年合肥跨境电子商务综试区设立的一年多来，区域内电商集聚作用明显，在降成本、补短板协同发展等方面发挥越来越重要的优势[①]。安徽省政府以区位地理优势起点，全力构建精准对接的线上“单一窗口”和线下“综合园区”两个平台。这一系列的政策举措，使安徽在运作经营方面取得了领先优势。截至 2017 年底，合肥综合试验区线上平台已开发完成，在信息共享和物流服务联动方面取得显著进步，实现了跨境业务链全渠道模式下的整合。除此之外，在省政府的支持引导下，合肥出口加工区还与企业深度合作，跨界融合，共同打造进口商品直销中心加工区店。

五、流通业基础设施结构不断优化

近年来，安徽省政府高度重视流通业基础设施建设，形成了以口岸、电商、物流为支撑的商务平台体系为中心的新发展模式[②]。为推进现代基础设施体系建设，贯彻新时代下的流通新要求，加快构建新型商务平台体系，打造电子商务大省。省里还出台了《安徽省现代基础设施体系建设总体规划（2017—2021）》。在这其中，根据文件要求，全省各地区需要发挥自身区位优势，结合开放经济下的新发展环境，创新商业模式，目标是基本建成高效高质量的现代商务平台体系，带动地区经济蓬勃发展。

---

① 刘晓君．安徽跨境电商生态圈日臻完善［N］．新华网，2017-01-19.

② 王佳．安徽出台现代商务平台体系建设五年规划［N］．中安在线，2017-07-31.

关于物流标准化试点城市，近几年来我省各级政府紧抓城市基础设施建设，取得了初步成效，芜湖、合肥、马鞍山先后入选。2017年从年初开始，省内各级政府部门继续跟进基础设施建设，促进各产业跨界融合、共同发展，积极融入国家发展战略。在物流建设方面，全省在试点城市积极开展物流标准化试点工作，如合肥市政府设立物流标准化试点扶持项目，建立点对点的专项扶持；芜湖市开展“托盘循环共用、城市共同配送、物流信息服务”建设任务。为做好流通业及基础设施建设工作，我省加大在口岸建设方面的力度，力图基本建成全面对接的水、陆、空口岸格局。

六、电子商务信用建设水平不断提高

诚信建设是电子商务绿色健康发展的必要前提。据中国电子商务研究中心调查研究表明，截至2017年6月，电子商务普及率提速飞快，中国网购人数增长迅速，总人数已经达到了5亿多。同时，网络零售额达3.66万亿元，增长速度及幅度远远高于上年。一系列的数据都表明在“互联网+”的大背景下，电子商务正在打破传统零售商业模式，创新商业模式，变革商业格局，逐步引领社会生产。但是，不容忽视的是，由电子商务引发的假冒伪劣、质量安全等信用风险问题十分突出。

为建立健全安徽省商务领域诚信体系，净化市场环境，确保商贸流通业可持续发展，我省发展改革委出台《关于全面加强电子商务领域诚信建设的实施意见》皖发改财金〔2017〕432号。从电子商务流通环节着手，大力推进全省范围的信息共建共享，通过诚信考核、诚信监督等措施，对不诚信单位严厉惩戒，构建形成全省范围内的失信主体“黑名单”制度。比如，采用第三方数据系统加强对电子商务失信信息的记录、整合，规范市场环境。另外，加强全省各个城市间信息交流，逐步实现信息联通，合力构建重大活动保障协作机制，提升电子商务质量安全管理水平。在这一系列的政策举措下，我省在完善市场信用评价体系、规范电子商务市场秩序方面取得了显著成效。

第二节 安徽农产品流通现状、问题与对策

作为中部省份之一，安徽省是中国的人口大省同时也是农业大省。安徽省现有人口 6144 万。2016 年安徽省 GDP 总量达到 24117.87 亿元，在全国 31 个省市中排名第 13 位。2016 年安徽省 GDP 增速为 8.7%，全国排名第 6。进入 2017 年以来，安徽省政府积极响应中央号召，在优化供给侧结构性改革的同时，顺势推动农业、工业和服务业发展，安徽省经济总量逐步增长，地区生产总值季度数据在不断翻新，经济增速总体平稳，一直保持在 8%以上的增幅（表 6-5）。在经济总量逐年攀升的背后，我们不难看到安徽省农业在整个经济中扮演的角色。以 2016 年为例，安徽省第一、第二和第三产业占安徽省地区生产总值的比重为 10.6∶46.4∶41，而同期全国第一、第二、第三产业占比为 8.6∶39.8∶51.6。由此可见，农业依旧是安徽省国民经济中的重要行业。和全国其他省份相比，安徽省独特的自然资源禀赋尤其是农业生产资源禀赋，使得安徽省的经济发展模式具有其独特性。从某种角度上来说，如何发挥安徽省农业生产优势，尤其是发挥好生产、加工和流通的整体优势，将对安徽省未来经济发展具有重要的战略意义。

表 6-5 安徽省总体经济情况（2016 年 1 季度—2017 年 3 季度）

地区生产总值（本季度累计）	地区生产总值增幅（亿元）	比上年同期增幅（%）
2016 年 1 季度	4，647.30	8.60
2016 年 2 季度	11，028.50	8.60
2016 年 3 季度	17，132.00	8.70
2016 年 4 季度	24，117.87	8.70
2017 年 1 季度	5，826.82	8.40
2017 年 2 季度	12，645.41	8.50
2017 年 3 季度	19，811.35	8.30

资料来源：安徽省统计局网站。

作为中国重要的农业大省之一，安徽省农业发展具有其自身特色。拥有6200万亩耕地的安徽省是全国重要的粮食生产基地之一。首先表现在安徽省粮食作物产量总体呈现增长态势。安徽省统计局网站数据显示，2011年安徽省粮食作物产量为31355000吨，2012年为32981000吨，2013年为32796000吨，2014年为34158324吨。2015年为35381194吨，2016年为34174000吨①。

粮食作物产量攀升的同时，安徽省农产品加工能力也在逐步提升，具体表现为安徽省农产品加工产值呈现增长态势。从月度数据来看，安徽省农产品加工产值总体比较平稳，稳定在860亿元以上的水平。2017年3月安徽省农产品加工产值为888.9亿元，2017年4月为880.8亿元，2017年5月为884亿元，2017年6月为935.2亿元，2017年7月为861.66亿元，2017年8月为881亿元，2017年9月为965.4亿元②。如果从细分产品来看，不同农产品的加工产值有所不同。总体来说，粮油加工、畜禽产品加工、中药材加工、蔬菜水果加工等在农产品加工中居于主要地位。

安徽省粮油加工的月度产值在200亿元上下浮动。2017年3月安徽省粮油加工产值为202.9亿元，2017年4月为198.5亿元，2017年5月为199.1亿元，2017年6月为213.69亿元，2017年7月为196.7亿元，2017年8月为201亿元，2017年9月为226.1亿元。安徽省的生猪、牛、羊以及鸡鸭等畜禽养殖发展的总体趋势较好，畜禽产品加工也成为安徽农产品加工中的主要部门之一。2017年3月畜禽产品加工产值为51.8亿元，2017年4月为54.6亿元，2017年5月为55.2亿元，2017年6月为57.13亿元，2017年7月为52.6亿元，2017年8月为56.2亿元，2017年9月为59.9亿元。中药材加工产值是安徽省农产品加工的特色部门之一。安徽省拥有全国也是全球最重要的中药材交易市场——中国（亳州）中药材交易中心。2017年3月安徽中药材加工产值为41.9亿元，2017年4月为39.5亿元，2017年5月为

---

① http：//data. ahtjj. gov. cn/lszwcl/index. jhtml

② http：//data. ahtjj. gov. cn/ydsj/index. jhtml

38.6亿元，2017年6月为43.63亿元，2017年7月为35.4亿元，2017年8月为37.3亿元，2017年9月为43.3亿元。在保留本地优良品种的基础上，安徽省积极引进并整合省内外蔬菜水果新品种，通过科技创新方式，推动安徽省蔬菜水果的发展，这为安徽省蔬菜水果加工产值增长提供了坚实的基础。2017年3月安徽省蔬菜水果加工产值为20.4亿元，4月为21.7亿元，2017年5月为23.7亿元，2017年6月为25.16亿元，2017年7月为24.3亿元，2017年8月为25.4亿元，2017年9月为25亿元。从黄山毛峰、六安瓜片到祁门红茶，安徽省的茶叶品牌享誉国内外。良好的品牌加上优良的种植基地，这为安徽省茶叶加工奠定了基础。茶叶因此成为安徽重要的农产品之一。2017年3月安徽茶叶加工产值为11.6亿元，2017年4月茶叶加工产值为13.7亿元，2017年5月为13亿元，2017年6月为13.59亿元，2017年7月为11.5亿元，2017年8月为11.9亿元，2017年9月为13.1亿元。从这些数据来看，安徽茶叶加工产值总体比较平稳。乳品也是安徽重要的农产品之一，但是安徽乳品加工产值却呈现逐月下降趋势，这在2017年表现得尤为明显。2017年3月安徽省乳品加工产值为13.9亿元，2017年4月为10.3亿元，2017年5月为8.8亿元，2017年6月为8.01亿元，2017年7月为8.1亿元，2017年8月为7.8亿元，2017年9月为7.9亿元。相比较来说，安徽省水产品加工产值比较低。从2017年的月度数据来看，安徽省水产品加工月度产值在6亿元上下徘徊。其中2017年3月为5.7亿元，2017年4月为5.9亿元，2017年5月为6.6亿元，2017年6月为6.53亿元，2017年7月为6.6亿元，2017年8月为6.6亿元，2017年9月为6.8亿元。从上述这些数据可以看出，安徽省农业生产力旺盛，农产品加工规模庞大。

良好的农业生产资源为安徽省农产品提供了基础条件，强大的农产品加工能力为安徽省农产品附加值的提高奠定了基础。作为农业大省的安徽省，能否从生产、加工中获得最终的农产品附加值，这一重任落在农产品流通上。从某种意义上来说，农产品流通是否能与安徽省的农产品生产能力、加工能力等进行有效匹配，对于安徽省农业健康可持续发展具有极其重要的意义。对于广大农业生产者尤其是农户来说，获得相应的流通渠道并且获得其相应的准入资格，将对农产品最终销售价格进而对农户的收入产生重要影响。农业的发展、农户的收入，最终将影响到安徽农村的发展、农业经济的效能提升。正是因为农产品流通对于安徽省总体经济尤其是对安徽省农村、农业和农民等都具有重要意义，本节将重点对安徽省农产品流通展开研究。本节将从安徽省农产品流通现状出发，对安徽省农产品流通存在的主要问题进行剖析，最后提出促进安徽省农产品流通的建议。

一、安徽农产品流通现状

（一）安徽省农产品流通主体日益多元化，大型流通商市场势力凸显

纵观安徽省境内，随着经济的发展、市场准入门槛的降低，参与农产品流通的主体日益多元化。在参与农产品流通的主体中，既有大规模的批发商、零售商，同时也有数量众多的小型批发商、零售商。不仅如此，随着城乡道路交通环境的改善，尤其是电子商务在农村的逐步普及，城郊农村尤其是偏远地区的农户参与农产品流通的数量和规模也在增加。农产品流通主体从城市为主向城乡结合方向转变，从事农产品流通的企业以及个人类型多样化的同时，大型流通商在整个农产品流通渠道中的主导地位却日益得到巩固。本节将结合合肥、蚌埠等不同地区的主导流通商来进行说明。

在省城合肥，合肥周谷堆农产品批发市场为安徽省规模最大的农产品集散中心。涵盖蔬菜、水果、水产品、畜禽肉类、粮油等多种交易为一体的周谷堆市场，建立于 1992 年。历经 10 年的发展，2002 年实现了资产重组。该交易市场现由合肥百货大楼股份有限公司控股。2016 年周谷堆交易市场实现综合成交量 362.7 万吨，成为全国具有代表性的批发市场之一。伴随着 2017 年 5 月 26 日周谷堆市场向百大周谷堆农产品国际物流园区的搬迁工作顺利完成，可以预见在不久的将来，周谷堆市场将在推动省城合肥农产品流通中发挥更加重要的作用。

在安徽蚌埠，参与水产品流通的批发市场主要集中在肉联厂，蔬菜水果的批发活动则主要集中在蚌埠海吉星农产品物流有限公司。该

公司成立于 2010 年 1 月 19 日，位于蚌埠市淮上区解放北路 368 号（客运北站对面），是一家集蔬菜、果品、土特产干货、禽蛋、调味品、粮油、畜禽肉食、水产、花卉等多种品种在内的专业市场，是皖北地区最大的果蔬集散地。该公司对整个蚌埠市市区百姓的菜篮子产生重要影响。每天都有蚌埠市的大小商贩前往海吉星拉货。在市区，参与农产品流通还有千万加旗下的众多菜市场以及包括家乐福、大润发、华运超市、合家福超市等门店。尽管流通主体数量日益丰富，但是各大菜市场对居民的一日三餐的影响力在逐步提升。

（二）安徽省农产品流通渠道日益多样化，“互联网＋流通”效应日益凸显

随着社会经济的发展，安徽省农产品流通的渠道也在逐步多元化。在当前条件下，安徽省农产品流通一方面借助于传统的流通渠道，另一方面也依托新型网络流通渠道，推动安徽省农产品流通。

为了借助电子商务推动农产品流通，有的农业企业和农民合作社通过自建电子商务平台，有的则借助于淘宝、阿里巴巴等第三方交易平台进行农产品线上交易。总体来说，自建电子商务平台接触的市场相对不及第三方交易平台的宽广，但是这丝毫不影响这些自建电子商务平台的积极性。比如在坚果领域，2012 年在芜湖注册成立的三只松鼠有限公司已经发展成为中国较有影响力的以坚果、干果、休闲零食等食品的研发、分装以及销售等为主的产业链平台型企业。从 2012 年开业至今，三只松鼠将其产品在已有的电商主流渠道（天猫、京东、苏宁易购）进行了全面覆盖，并在芜湖、广州、西安等建立了仓储物流中心。个性化、多样化的坚果产品已经得到了全国众多消费者的认可。截止 2017 年 6 月 30 日，三只松鼠的使用会员数已经超过 6000 万。三只松鼠的年销售收入则大幅度提升，销售收入从 2013 年的 3.26 亿元，发展到 2016 年的超过 50 亿元。尽管安徽省并不是每一个城市都能有类似三只松鼠这样的龙头企业，但是随着电商下乡，尤其是到偏远的乡镇，电商给贫困农村脱贫带来了新的商机。根据《安庆日报》的报道，2016 年潜山县一些电商龙头企业已在贫困村建立电商服务站 48 个，开设网店 46 个，农产品网上销售额达 420 万元，带动

830 个贫困家庭增收[①]。

随着这些电子商务平台的发展，安徽省内的各种特色农产品开始走入更多普通老百姓家，有的则走出安徽省，走向全国。从蜜枣、核桃仁、花草茶到各地特色风味小吃，比如全椒县西王镇管坝社区的"管坝"牛肉、泗县的粉丝、怀远的石榴等，如今通过网络销售渠道，向安徽省乃至全国销售。随着微信的日益普及，尤其是各个用人单位组建的微信群，有的群员依托该微信群，适时将自己家乡的特色农产品向微信群的成员进行销售。这种方式如今在特殊农产品中比较受欢迎。随着互联网基础设施的完善，随着通信支付技术的日益提升，安徽省的农产品流通终于踏上了这趟快车，通过实体与网络销售结合的方式，将安徽省农产品销售推向新的发展阶段。

（三）安徽省农产品流通效率逐步提升，行业、区域存在差异

安徽省农产品流通主体日益多样化，农产品流通渠道多元化，加上安徽省农产品流通的基础设施日益更新并且现代化，安徽省农产品流通效率逐步提升。首先从流通时间来看，随着电子商务的普及以及电子数据信息交换数据传递速度提升，农产品从产地到消费者手中的时间比以往要短。以安徽砀山为例，曾经这里的农户为摘下来的梨卖不出去发愁，现如今刚摘下来的果子就已经被配送到相关的门店销售。有的果子则摘下来直接通过顺丰或者其他快递送往全国各地。流通时间的缩减，不仅提高了农产品的新鲜程度，同时也减少了不必要的损耗，提高了农户和消费者的满意度。流通时间的缩短，同时也减少了不必要的流通成本，并且提高了流通全程的效率。

值得说明的是，安徽省农产品流通效率提升并不是普遍性的全局性的提高，而是呈现行业和地域差异。对于生鲜农产品来说，农产品流通效率提升的诉求要高于其他农产品。对于省会城市和其他交通相对便利（高速网络和高铁网络覆盖）的地市来说，农产品流通效率的提升则要部分归功于交通基础设施的改善。但是对于边远地区尤其是大别山区的农产品生产和加工企业来说，农产品流通效率提升则需要

---

① http：//www. ah. xinhuanet. com/20161102/3513532 _ c. html

更长的时间，同时需要更多的基础设施投入。

二、安徽农产品流通存在的主要问题

安徽省农产品流通总体状况较好，但是这并不代表安徽省农产品流通到了无须改进的地步。毕竟安徽省是中国的中等发展水平区域，安徽省的农产品流通效率和沿海发达地区相比，存在较大的差距。具体来说，安徽省农产品流通存在如下几个方面的主要问题。

（一）农产品整体流通能力与生产能力、加工能力不匹配

作为一个农业大省，尤其是农产品生产能力强、加工能力也比较强的大省，安徽省农产品流通的现有水平总体来说是无法适应安徽省农产品的生产与加工能力的需要。

在国内输出方面，上海一直以来是安徽农产品输出的重要市场。从 2000 年开始，安徽省在每年末都会组织省内龙头企业、农民专业合作社前往上海，推介安徽省农产品。到目前为止，安徽名优农产品绿色食品（上海）交易会已经连续办了十六届。在第十六届安徽名优农产品、绿色食品（上海）交易会上，来自安徽全省的 400 多家农业龙头企业、近 200 家农民专业合作社参展，为上海市民提供品质过硬的农产品。在此次展会上，安徽仅粮油和主食加工企业就有 106 家参展，参展放心粮油和主食品种 1000 多个，现场销售额突破 5000 万元[①]。从某种意义上说，安徽省已经成为上海市“米袋子”“菜篮子”的主力军。

安徽省农产品不仅面向国内市场，同时面向国际市场流通。在国际输出方面，仅 2015 年，安徽省向国际市场出口包括茶叶、蜂蜜、面筋、坚果等在内的农产品 11.4 亿美元，其中农产品出口前 20 家企业出口 4.75 亿美元，占农产品出口比重为 41.63%[②]。

尽管安徽省农产品在国内、国际市场都属于输出端，但是和安徽省农产品的加工、生产能力相比，安徽省农产品流通能力尤其是对流

---

① http://www.chinagrain.gov.cn/n317130/n877842/c878311/content.html

② http://news.hefei.cc/2016/0128/026031234.shtml

通渠道的控制能力却非常弱。这导致安徽省在国内市场交易和国际市场输出中都处于被动地位。换言之，农产品生产、加工大户却对农产品终端销售无能为力。流通能力缺位，导致安徽省无法将农产品生产加工优势顺利转化为竞争优势，无法为产业可持续发展积累足够势能。

（二）农产品流通预警机制不够完善，应对极端灾害性天气的应变能力较差

安徽省作为农产品输出大省，同时承担着本省内部的农产品有效供给的任务。和其他产品所不同的是，农产品的稳定供给与居民日常生活中的水、电、气的正常供给一样重要。近年来，随着全球气候变暖，中国的环境尤其是季节性差异日益凸显。安徽省虽然地处中部，但是安徽省的纬度跨度较大、地理构造复杂，这些因素导致安徽省不仅容易遭遇洪涝灾害、干旱等的影响，同时也容易受到局部大范围降温、暴雨尤其是暴雪的影响。2018 年初安徽的寒冬模式开启。2018 年 1 月 3 日开始，安徽省境内大部分地区出现近十年不遇的暴雪。2018 年 1 月 3 日《安徽省农业委员会关于做好低温雨雪天气防范应对工作的紧急通知》出台，特别提出要做好农产品的产销衔接工作。实际上，早在 1 月 3 日之前，合肥、蚌埠等多地的老百姓尤其是居家的老太太已经提前囤积各种蔬菜和面食（主要是馒头）。当 1 月 4 日的暴雪突袭了蚌埠等地时，包括大润发在内的多家卖场的蔬菜被当地居民抢购一空。出于对冰冻天气的考虑，很多市民纷纷利用周末时间采购各种居家必备的蔬菜，尽管价格相较于下暴雪之前已经涨了不少，但是老百姓还是咬咬牙就买。对于普通老百姓来说，一日三餐离不开蔬菜，相对来说肉禽蛋类的需求就不那么紧张但是也并不是不重要。虽然报纸和各大媒体将如何清除积雪保障道路畅通放在重要位置，但是对于关心农产品供应尤其是正常保障的人们来说，如何在大雪过后的一个月甚至两个月内确保这些地区的瓜果蔬菜的正常供应则是更重要的事情。毕竟这次雪灾袭击的区域包括各个地区郊区菜场。如果这些蔬菜种植基地在灾后不能立即恢复生产，再加上春节的来临，安徽省本地的各大蔬菜瓜果集散地是否有足够的

储备应付居民正常需要，这将关系到城市“菜篮子”的安全。当然，如果本地集散地没有足够的储备，此时就需要从外省调入安徽省市场需要的瓜果蔬菜，如果外地没有类似的灾害，相信在原有的价格条件下安徽省能够获得相应的货源。但是问题在于2018年初暴雪袭击的地方比2017年范围要大而且程度要深。在此条件下，安徽省的农产品流通预警机制显然跟不上突发事件的变化，在应对区域性的极端灾害天气面前并没有足够的应变能力。

（三）单个小农户获取的农产品流通渠道受限，当地特色农产品流通半径缩减

从某种程度上来说，安徽省农产品流通发展的水平应该用大型流通商来衡量。然而，对于农产品来说，这种衡量方法有失偏颇。农业是三大产业中与大自然关系最为休戚相关的。因此，农产品生产从自然的角度来说，是一年四季气候的反映。由于中国人口规模大，加上城市化进程的加快，农产品生产从原有的单家单户小规模生产正逐步向大规模大棚种植工业化生产的方向转变。虽然从产量上来说，此种种植方法能够确保市场一年四季都有所供应，但是从时令上来说，普通老百姓已经没有什么机会通过菜场的菜品来感受一年四季的变化。真正能够给城市居民带来四季变更的恰恰是郊区的小农户。他们有的挎个小菜蓝，有的则是夹张塑料纸，到了离他们最近的某个人流比较集中的街道，开始向城市居民兜售自己田间地头的瓜果蔬菜。然而，随着安徽省各个城市创建工作的开展，这些小商贩在城市几乎很难寻觅到可以销售的摊点。打游击对于他们来说是不得已的做法，但是时间长了，他们也就疲倦了，久而久之，住在市区的老百姓也就接触不到这些有当地特色的农产品了。

实际上，在安徽这个省份，在不同的季节，当地都有不同的特色农产品上市。比如春天的香椿、荠菜、毛毛虫、榆树钱等，夏天露天地生产的蚕豆、毛豆、冬瓜、西红柿、丝瓜、黄瓜纷纷上市。然而，单个小农户即使田间地头的瓜果蔬菜吃不完，他也很难到市区去将它销售掉。如何将这些郊区农户的剩余产出纳入本地农产品流通供应中来，对于各个地市来说也是需要考虑并着手解决的问题。

三、推动安徽农产品流通的对策

（一）推动大型安徽农产品流通企业发展，提高安徽省对农产品流通的话语权

随着中国经济发展步入新时代，安徽省经济发展也踏上了新的征程。作为全国农业大省之一，安徽省如何将现有的农产品生产优势转化为经济发展优势，是安徽省发展的重要工作之一。2017 年 6 月 9 日，安徽省粮食局印发《安徽好粮油行动计划》的通知，明确提出要实现“皖人食皖粮、皖粮销全国、皖粮走世界”的粮食产业发展新局面。这个行动计划的推出，表明了安徽省政府对安徽未来粮食产业发展的战略导向。面向未来，安徽省要实现这一重大目标，首先需要安徽省大型农产品粮食企业或者农产品企业的出现和发展。从全国范围来看，尽管安徽省属于农产品净输出省份，但是安徽省并没有从中获得相应的价值回报。也就是说，在农产品生产、加工和流通环节中，安徽省目前比较薄弱的环节就是流通环节。要想改变安徽省流通薄弱的局面，提高安徽省农产品参与国内和国际流通的话语权，安徽省就要加快省属农产品流通企业的发展，将生产、加工和流通等核心环节都掌握在自己手里。只有这样，才能在不久的将来，实现安徽省从农产品生产大省向农产品流通大省身份的转变，进而通过这些价值的增加，打造安徽省农业强省的地位。

从目前来看，合肥百货大楼股份有限公司推动安徽省农产品批发市场发展以及依托其省内多家合家福超市门店进行农产品零售，该公司的发展对于农产品省内流通起到重要的引领作用。但是在跨省流通中，也就是在全国范围内，安徽省目前缺乏具有区域影响力甚至国家影响力的大型皖籍流通商。如何为这样的流通商诞生创造适宜的土壤，为具有潜力的地方性小型流通商向大型流通商转变提供良好的外部环境，是安徽省农产品流通未来要着手解决的问题。

（二）拓宽农产品流通市场进入，凸显农产品流通的时令特征

无论是省城合肥的老百姓还是身居蚌埠的普通市民，无论是绩溪县城的居民餐桌还是淮北农户的小饭桌，只要餐桌上有时令蔬菜，都

会引发人们对事物的美好联想。中国大型纪录片《舌尖上的中国》中，我们也看到了来自安徽的各种美食，具体包括毛豆腐、臭鲑鱼等。当然还有阜阳老百姓擅长制作的香椿头、安庆老百姓擅长的蚕豆酱、马鞍山的茶干、蒙城的牛肉等，所有这些农产品都能勾起人们的食欲。面对未来，我们希望安徽省农产品流通能够确保这些时令美食或者地方特色食品能都在当地市场尤其是当地居民的餐桌上都能发现，毕竟食物是文化传承的重要组成部分。这些时令瓜果蔬菜的获取，需要安徽省各个地市的郊区农户能够获得这些物品的种植机会，同时收获以后能够有机会和门路将这些产品销售到所在的市区或者配送到省内其他市场。也就是说，安徽省农产品流通既要考虑构建大型农产品流通企业针对大宗农产品提高议价能力，同时也要为小型农产品流通参与主体尤其是小农户进入农产品流通渠道提供市场准入。总而言之，农产品流通渠道构建要有包容性，要有多样性，同时要注意确保市场进入，从而尽量在满足居民一日三餐所需的基础上，让省内老百姓餐桌上能够看到凸显安徽时令特征的农产品。

（三）着力构建预警机制，提高安徽省农产品应对极端气候的应变能力

对于我们生活已久的城市来说，城市是否宜居，不仅要考虑经济发展水平、天气状况，同时要考虑这个城市的基础设施，教育、医疗、交通同时还有与老百姓生活密切相关的菜场建设等因素。就像下一场大暴雨就能检验一个城市的下水道或者地下水网的质量一样，下一场大暴雪就能检验一个城市的农产品流通供应体系是否完善。从目前情况来看，安徽省境内各大遭遇暴雪袭击的城市都在努力确保交通畅通，确保安徽省能够从外界获得源源不断的蔬菜等农产品供给。当然，这次暴雪给我们提了个醒，那就是农产品流通如何构建针对极端气候事件的预警机制。

首先，农产品流通企业尤其是大型批发市场要关注天气变化，提前做好相关农产品的储备工作。大型批发市场尤其是要将极端条件下的各种可能性都考虑在内，比如最差的状况就是所在城市与外界的高速公路通道都已经关闭的情况下，应急储备能够为所在城区老百姓提

供多长时间的农产品储备。其次，在极端灾害可能爆发的前夕，大型批发市场要提前从外地将货源调度至可能爆发极端灾害天气的区域。当然，凡是提前运来的瓜果蔬菜，都面临着储备场所的问题。这就要求有适合这些农产品储存的冷库等基础设施供应。最后，为了确保城市农产品流通的有序进行，凡是可能爆发灾害性天气的城市都应该通过天气预报以及主流媒体等，提醒普通市民做好相应的工作。这就能够将大型流通机构承担的储备分散开来，由老百姓来部分储存。通过集中储备和老百姓分散储备的方式，共同构建应对极端气候的预警机制，将有助于安徽省农产品流通体系应对极端气候应变能力的提升。毕竟，农产品流通是确保农产品有效供给的重要手段之一，确保农产品流通稳定、有序，无论现在还是将来都是安徽省重要的民生工程之一。

参考文献

[1] 李颖．安徽省外贸竞争力现状及影响因素分析［J］．当代经济，2007（1）：60－61.
[2] 刘立平，幸新荣．安徽省外贸可持续发展的路径选择［J］．国际贸易问题，2010（6）：66－71.
[3] 吴国华，王佩．中国外贸乘数效应问题分析［J］．宏观经济研究，2010（6）：34－38.
[4] 李南凯，陈晶晶．安徽省对外贸易演变及新形势下的对策［J］．黑龙江对外经贸，2011（6）：23－24.
[5] 张丽琼．安徽省对外贸易商品结构的实证研究［J］．安徽农业大学学报（社会科学版），2013（1）：51－56.
[6] 张英环，许君，王丹丹．安徽省对外贸易发展现状及对策研究［J］．现代商贸工业，2013（17）：45－46.
[7] 栾海庆，陈芳，丁一凡．安徽省2002—2012年对外经济发展实证研究［J］．牡丹江师范学院学报，2014（5）：26－29.
[8] 徐琴，蒋晓岚．“后危机时代”提升安徽省对外贸易竞争力研究［J］．淮北煤炭师范学院学报（哲学社会科学版），2010（6）：52－55.
[9] 魏浩．中国地区间对外贸易的差异性［J］．当代经济科学，2008（6）：28－38.
[10] 腾宇杰．中国城镇化与进出口贸易相关性分析［J］．中国物价，2014（2）：47－50.
[11] 梁伟华．中国地区间对外开放度比较研究［J］．商业经济研究，2012（4）：129－131.
[12] 张文丽．中部六省对外开放态势及比较研究［J］．生产力研究．2008（14）：86－88.
[13] 康晓玲，梁美娟．西部地区对外贸易发展状况分析［J］．对外经贸，2011（10）：34－36.
[14] 吴雪明，黄仁伟．上海对外开放度与经济实力的比较分析［J］．上海经济研究，2009（11）：71－79.
[15] 杨晓东，胡勇．贵州对外贸易发展状况实证分析［J］：2007，（3）：87－91.
[16] 李凯杰，曲如晓．中国对外贸易可持续发展影响因素的实证分析［J］．经济学家，2012，（7）：53－61.
[17] 鲁桐，党印．公司治理与技术创新：分行业比较［J］．经济研究，2014，（6）：115－128.
[18] 孙楚仁，陈思思，张楠．集聚经济与城市出口增长的二元边际［J］．国际贸易问题，2015，（10）：59－72.

[19] 魏浩，王宸．中国对外贸易空间积聚效应及其影响因素分析［J］．数量经济技术经济研究，2011，(11)：66－82.

[20] 赵红军，孟君，杨铁臣．浙江 10 地市的出口贸易为何如此不同——对浙江 1997～2006 年贸易发展影响因素的实证分析［J］．国际商务研究，2010，(4)：12－21.

[21] 项本武．对外直接投资对国内投资的影响——基于中国数据的协整分析［J］．中南财经政法大学学报，2007 (05)：82－86.

[22] 王胜，田涛，谢润德．中国对外直接投资的贸易效应研究［J］．世界经济研究，2014 (10)：80－86＋89.

[23] 毛其淋，许家云．中国对外直接投资促进抑或抑制了企业出口？［J］．数量经济技术经济研究，2014，31 (09)：3－21.

[24] 李磊，白道欢，冼国明．对外直接投资如何影响了母国就业？——基于中国微观企业数据的研究［J］．经济研究，2016，51 (08)：144－158.

[25] 蒋冠宏．我国企业对外直接投资的“就业效应”［J］．统计研究，2016，33 (08)：55－62.

[26] 罗良文．对外直接投资的就业效应：理论及中国实证研究［J］．中南财经政法大学学报，2007 (05)：87－91.

[27] 郎丽华，刘新宇．中国对外直接投资对出口规模的影响——基于 2003—2014 年 143 个国家的面板数据模型［J］．经济与管理研究，2016，37 (09)：3－10.

[28] 李娟，唐珮菡，万璐，等．对外直接投资、逆向技术溢出与创新能力——基于省级面板数据的实证分析［J］．世界经济研究，2017 (04)：59－71＋135.

[29] 鲁万波，常永瑞，王叶涛．中国对外直接投资、研发技术溢出与技术进步［J］．科研管理，2015，36 (03)：38－48.

[30] 陈文府，马喜妹．安徽省对外直接投资与产业结构升级的实证分析——基于柯布—道格拉斯生产函数模型［J］．吉林工商学院学报，2017，33 (04)：9－13＋45.

[31] 李逢春．对外直接投资的母国产业升级效应——来自中国省际面板的实证研究[12]．国际贸易问题，2012 (06)：124－134.

[32] 万红先，汪林红．安徽省对外贸易发展比较研究［J］．池州学院学报，2016，30 (05)：45－49.

[33] 王丽，韩玉军．OFDI 逆向技术溢出与母国产业结构优化之间的关系研究［J］．国际商务(对外经济贸易大学学报)，2017 (05)：53－64.

[34] 宗颖．江苏省流通业竞争力评价研究——基于 13 个地级市层面的分析［J］．南京财经大学学报，2008 (2)．

[35] 王永培，宣烨．基于因子分析的我国各地区流通产业竞争力分析评价——兼论中西部地区流通产业发展对策［J］．经济问题探索，2008 (4)．

[36] 刘根荣，付煜．中国流通产业区域竞争力评价——基于因子分析［J］．商业经济与管理，2011 (1)．

[37] 王丽雯．上海商贸流通业竞争力评价分析［J］．价值工程，2012（33）．

[38] 王娟．湖南省流通产业竞争力评价研究［J］．湖南省商学院学报，2014（8）．

[39] 杨朋珏，胡昊．上海市流通业发展能力评价［J］．华东经济管理，2014（7）．

[40] 张鸿，郝添磊．基于熵值法的我国区域电子商务发展水平评价［J］．西安邮电大学学报，2016，21（05）：88－94.

[41] 陈阿兴，武云亮．农村商品流通网络与供销社新网工程建设研究［M］．合肥：中国科学技术大学出版社，2015.

[42] 宋雪茹，武云亮．安徽省商贸流通业区域竞争力评价——基于16个地市层面的分析［J］．皖西学院学报，2017，33（01）：100－104.

[43] 阿里研究院 http：//www. aliresearch. com/.

[44] 中华人民共和国商务部网站 http：//www. mofcom. gov. cn/.

[45] 安徽省统计局网站 http：//www. ahtjj. gov. cn/tjj/web/index. jsp.

[46] 安徽省商务厅网站 http：//www. ahbofcom. gov. cn/.

[47] 安徽商业经济网 http：//www. acei. org. cn/.

[48] 中国情报网 http：//www. askci. com/news.

[49] 安徽省人民政府（办公厅）http：//xxgk. ah. gov. cn/.